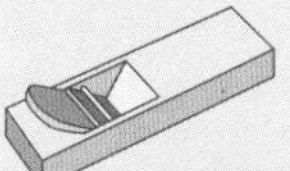

スピード攻略！

2級
建築施工
管理技術検定
集中レッスン

コンデックス情報研究所　編著

成美堂出版

本書の使い方

本書は、新制度の2級建築施工管理技術検定試験（第一次・第二次検定）の攻略本です。第1部の「ゴロ合わせ編」では、重要事項をゴロ合わせで覚えながら、頻出事項を効率よく学習できます。また、付属の赤シートを使えば、穴埋め問題としても活用できます。第2部の「過去問編」では、過去問題を解きながら、理解度を確認することができます。

◆一次・二次マーク！
一次検定・二次検定で出題された項目がひと目でわかる！

第❶部 ゴロ合わせ編　第❶

Lesson 02

換気

一次

自然換気方式

温度差が大きいほど
（温度差が大きい）
歓喜もひとしお
（換気量が多い）

室内外の空気の温度差による自然換気では、温度差が大きくなるほど換気量は多くなる。

◆ゴロ合わせ
イラスト入りのゴロ合わせで、楽しみながら重要事項が暗記できる！

■自然換気方式

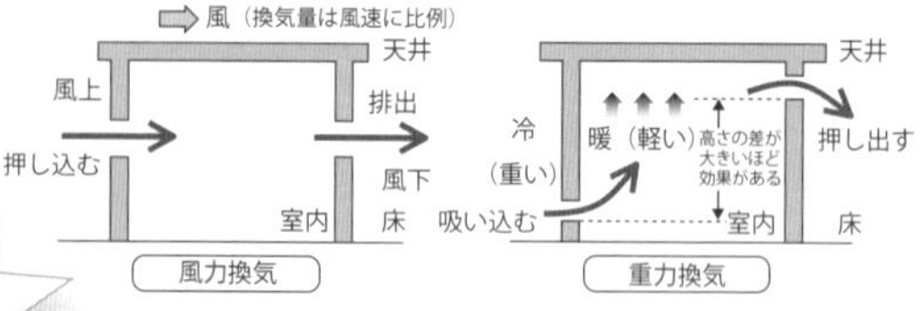

屋外の風圧力を利用する方法　　室内外の温度差を利用する方法

◆豊富な図表
豊富な図表で、要点を効率的に学習できる！

■全般換気・局所換気

全般換気	室内全体の空気を外気によって希釈しながら入れ替える換気方式
局所換気	局所的に発生する汚染物質を発生源近くで捕集して排出する換気方式

12

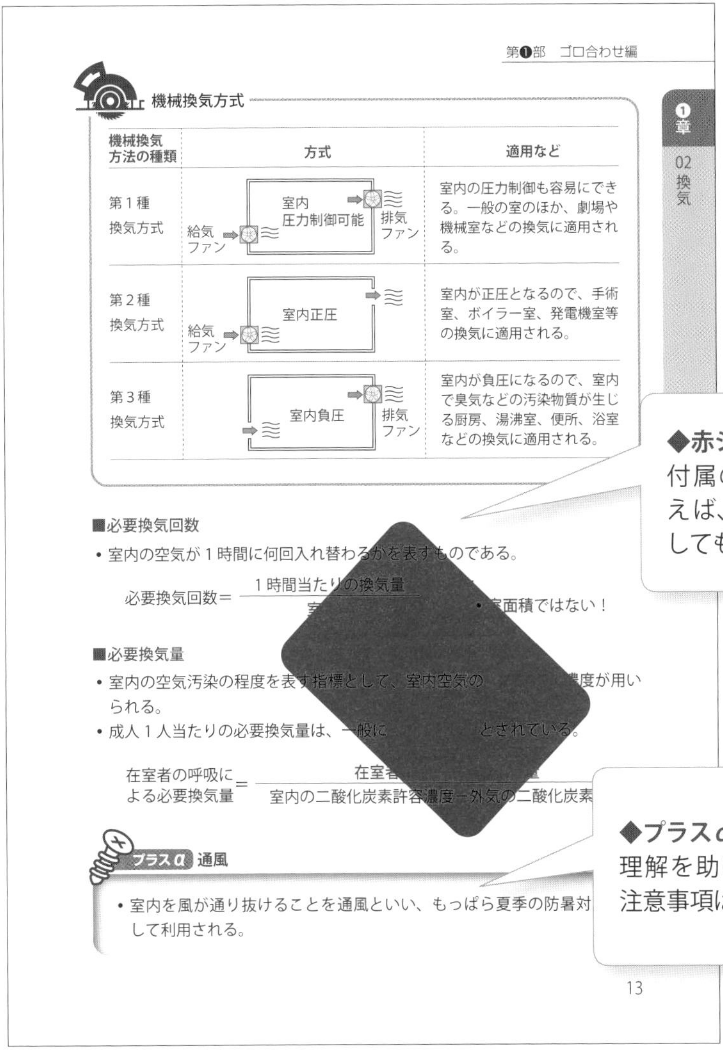

◆赤シート
付属の赤シートを使えば、穴埋め問題としても活用できる！

◆プラスα＆ここに注意
理解を助ける追加事項や注意事項はここで確認！

第2部「過去問編」では、「こんなひっかけ問題に注意！」「第二次検定攻略にはここを押さえろ！」で、過去問にチャレンジしながら、第1部でカバーしきれなかった知識もフォローできます。

＊本書は原則として、2024年1月1日現在の情報に基づいて編集しています。以降の各試験の法令基準日（1月1日〈例年〉）までの法令改正等については、本書最終ページに記載してある本書専用ブログアドレスから閲覧してください。

スピード攻略！ 2級建築施工管理技術検定 集中レッスン

CONTENTS

第1部 ゴロ合わせ編

第1章 建築学（試験科目：建築学等）

第2章 建築基礎（試験科目：建築学等）

第 3 章　建築・躯体施工（試験科目：建築学等）

第 4 章　建築・仕上施工（試験科目：建築学等）

第５章　施工管理法（試験科目：施工管理法）

第６章　法規（試験科目：法規）

第２部　過去問編

2級建築施工管理技術検定
ガイダンス

検定に関する情報は変わることがありますので、受検する場合は検定実施団体の発表する最新情報を、必ず事前にご自身でご確認ください。

■検定区分　第一次・第二次検定（同日受検）
第二次検定のみ
第一次検定のみ

■試験日（例年）
第一次検定のみ（前期）　6月
第一次・第二次検定（同日受検）
第二次検定のみ　　11月
第一次検定のみ（後期）

■合格発表（例年）
第一次検定のみ（前期）　7月
第一次・第二次検定（同日受検）
第二次検定のみ　　第一次検定　翌年1月
第一次検定のみ（後期）　　第二次検定　翌年2月

■合格基準　第一次検定　得点が60%以上
第二次検定　得点が60%以上

■試験内容

<table>
<tr><th>検定区分</th><th>検定科目</th><th>知識能力</th><th>解答形式</th></tr>
<tr><td rowspan="4">第一次検定</td><td>建築学等</td><td>知識</td><td rowspan="2">四肢択一
（マークシート）</td></tr>
<tr><td rowspan="2">施工管理法</td><td>知識</td></tr>
<tr><td>能力</td><td>五肢択一
（マークシート）</td></tr>
<tr><td>法規</td><td>知識</td><td>四肢択一
（マークシート）</td></tr>
<tr><td rowspan="2">第二次検定</td><td rowspan="2">施工管理法</td><td>知識</td><td>四肢択一
（マークシート）</td></tr>
<tr><td>能力</td><td>記述</td></tr>
</table>

■受検資格

第一次検定

・17 歳以上（当該年度末時点において）

第二次検定

・第一次検定合格後、実務経験 3 年以上
・1 級第一次検定合格後、実務経験 1 年以上
・一級建築士試験合格後、実務経験 1 年以上
※ただし、令和 10 年度までの間は改正前の受検資格にて受検可能です。
　また、令和 6 年度から 10 年度までの間に、有効な第二次検定受検票の交付を受けた場合、令和 11 年度以降も引き続き同第二次検定を受検可能です。

　受検申込、受検資格、実務経験等の詳細については、下記試験実施団体のホームページや「受検の手引」で確認してください。

■試験に関する問合せ先

一般財団法人　建設業振興基金　試験研修本部
TEL　03-5473-1581
（問合せ受付時間：平日 9:00 ～ 12:00、13:00 ～ 17:30、土・日・祝は休業）
HP アドレス　https://www.fcip-shiken.jp/

スピード攻略！
2級建築施工管理技術検定
集中レッスン

第1部 ゴロ合わせ編

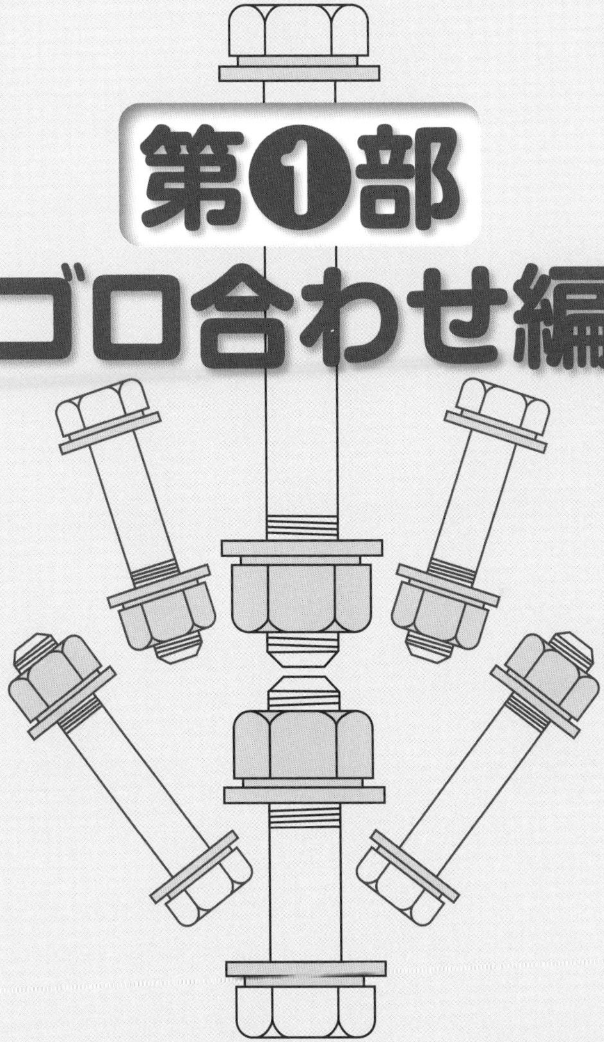

Lesson 01

採光・照明

一次

南中高度

容疑者の包囲ゼロ！？
（太陽方位角 $\theta = 0°$）
なんちゅうことだ！
（南中高度）

太陽方位角 $\theta = 0°$（真南）にきたときの太陽高度のことを南中高度という。

■照明の用語

名　称	単　位	説　明
照度	lx（ルクス）	• 単位面積当たりに入射する光束の量をいう。 • 点光源による照度は、光源からの距離の 2 乗に反比例する。
光束	lm（ルーメン）	• 視感度に基づいて測定された単位時間当たりの光のエネルギー量をいう。
光度	cd（カンデラ）	• 点光源からある方向への光の強さを示す量をいう。
輝度	cd/m^2	• 光源からある方向への光度を、その方向への光源の見かけの面積で除した値をいう。
色温度	K（ケルビン）	• 人工光源は、色温度が高くなるほど青みがかった光色となる。
均斉度	—	• 作業面の最低照度の最高照度に対する比をいう。
演色性	—	• 物の色の見え方に影響を与える光源の性質をいう。
グレア	—	• 高輝度な部分や極端な輝度対比などによって感じるまぶしさをいう。

■日照・日射・日影の用語

名　称	説　明
日照率	• 日照時間の可照時間に対する比を百分率で表したものをいう。 $\text{日照率}=\dfrac{\text{日照時間}}{\text{可照時間}}\times 100\,(\%)$ ※日照時間…実際に日照のあった時間 　可照時間…晴れた日に日照があるべき時間
天空日射量	• 日射が大気中で散乱した後、地表に到達する日射量をいう。
終日日射量	• 1 日の日射量の合計をいう。 • 北緯 35 度付近における冬至の終日日射量は、南向き鉛直面が他のどの向きの鉛直面よりも大きい。
終日日影	• 建物などによって、1 日中日影になる部分をいう。

■昼光

昼　光	直射光	直接地面に到達する太陽光
	天空光	太陽からの光が大気中に拡散したもの

$$\text{昼光率}=\frac{\text{室内のある点での天空光による照度}}{\text{屋外の全天空照度}}\times 100\,(\%)$$

※全天空照度…全天空が望める場所で直射光の照度を除いた水平面照度

室内のある点における昼光率	• 時刻や天候に左右されない。
室内の要求される基準昼光率	• 居間より事務室の方が大きい。

■採光量

天窓採光　>　側窓採光

プラスα　タスク・アンビエント照明

• 全般照明と局部照明を併せて行う方式である。
　全般照明…室内全体を均一に照らす照明
　局部照明…特定の対象物を照らす照明

Lesson 02 換気

一次

自然換気方式

温度差が大きいほど
（温度差が大きい）
歓喜もひとしお
（換気量が多い）

室内外の空気の温度差による自然換気では、温度差が大きくなるほど換気量は多くなる。

■自然換気方式

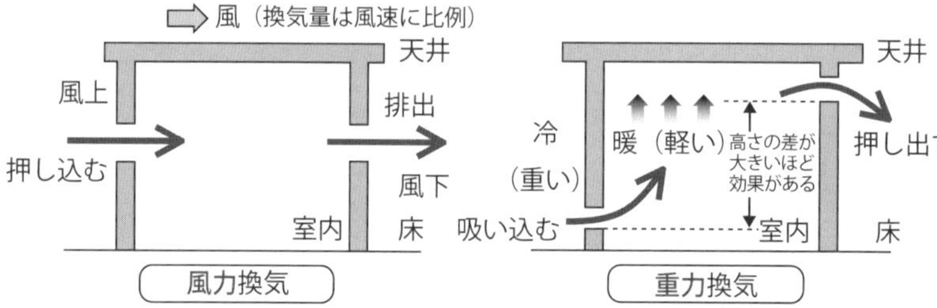

屋外の風圧力を利用する方法　　室内外の温度差を利用する方法

■全般換気・局所換気

全般換気	室内全体の空気を外気によって希釈しながら入れ替える換気方式
局所換気	局所的に発生する汚染物質を発生源近くで捕集して排出する換気方式

機械換気方式

機械換気方法の種類	方式	適用など
第１種換気方式		室内の圧力制御も容易にできる。一般の室のほか、劇場や機械室などの換気に適用される。
第２種換気方式		室内が正圧となるので、手術室、ボイラー室、発電機室等の換気に適用される。
第３種換気方式	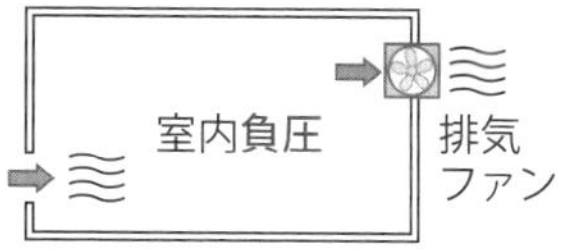	室内が負圧になるので、室内で臭気などの汚染物質が生じる厨房、湯沸室、便所、浴室などの換気に適用される。

■必要換気回数

- 室内の空気が１時間に何回入れ替わるかを表すものである。

$$\text{必要換気回数} = \frac{\text{1時間当たりの換気量}}{\text{室容積}}$$

注意 ・室面積ではない！

■必要換気量

- 室内の空気汚染の程度を表す指標として、室内空気の二酸化炭素濃度が用いられる。
- 成人１人当たりの必要換気量は、一般に 30 m^3/h 程度とされている。

$$\text{在室者の呼吸による必要換気量} = \frac{\text{在室者の二酸化炭素発生量}}{\text{室内の二酸化炭素許容濃度} - \text{外気の二酸化炭素濃度}}$$

プラスα　通風

- 室内を風が通り抜けることを通風といい、もっぱら夏季の防暑対策として利用される。

Lesson 03 色・音

一次

無彩色

あいつ　いつも

色味のない服ばかりで
（色味のない）

冥土なみに
（明度）

むさいよ
（無彩色）

無彩色とは、色味のない、明度だけをもつ色である。

■色に関する用語

温度感覚	・赤や黄の暖色系と、青や緑の寒色系、それらに属さない中性色がある。
明度	・色の明暗の段階をいい、一般に明度が高い色ほど膨張して見える。
彩度	・色のあざやかさを示し、最も彩度の高い色を純色という。 注意 ・純色は明度が高い色ではない！
無彩色	・黒・白・灰色をいい、色相（色味）をもたず、明度だけをもつ色。
有彩色	・無彩色以外のすべての色。
進出色	・赤や黄など、実際の距離よりも近くに見える色をいう。
後退色	・青や紫など、実際の距離よりも遠くに見える色をいう。

■色の見え方

- 一般に明度や彩度が高いほど、派手に感じられる。
- 面積が大きいほど、明るさや、あざやかさが増して見える。
- 補色を対比すると、互いにあざやかさが増して見える。
- 暖色は、寒色に比べ、一般に近距離に感じられる。

■音の性質

音の強さ	• 音源出力の大きさに比例し、点音源からの距離の 2 乗に反比例して減少する。 • 音源からの距離が 2 倍になるごとに約 6dB ずつ減少する。 • 2 音の強さが同じとき、合成した音の強さのレベルは、約 3dB 増加する。
吸音	• 合板や石こうボードと剛壁の間に空気層があるとき⇒主に低音域の音を吸音 • 有孔板と剛壁の間に空気層があるとき⇒主に中音域の音を吸音 • コンクリート打放し壁などの剛壁⇒主に高音域の音を吸音 • グラスウールなどの多孔質材料⇒主に高音域の音を吸音
残響時間	• 室内の仕上げが同じ場合、室の容積が大きいほど長くなる。

■透過損失

- 一般に、壁体の遮音性を示すのに用いられる。

透過損失の値が大きくなる条件

①壁材の密度が大きい。
②壁が厚い。
③入射する音波の周波数が高い。

注意 • 壁の厚さが厚いものほど小さくなるのではない！

プラスα　マスキング効果と NC 曲線

マスキング効果…ある音が他の音によって聞こえにくくなる現象
NC 曲線…騒音が人に与える不快感やうるささの程度を周波数別に許容値で示した曲線

Lesson 04

湿度・結露

一次

露点温度

露天風呂
(露点温度)
果汁 100%ソーダで
(100%　相対湿度)
汗をかく
(結露)

露点温度とは、相対湿度が100%になり、結露を生じる温度をいう。

■用語

絶対湿度	• 湿り空気中で乾燥空気 1kg と共存している水蒸気の質量。
相対湿度	• 湿り空気中水蒸気量の、その温度における飽和水蒸気量に対する割合。いわゆる湿度。
露点温度	• 相対湿度が 100%になり、結露を生じる温度。 注意 • 絶対湿度ではない！
内部結露	• 冬季暖房時に、室内側から入った水蒸気により、壁などの内部で生じる結露。
表面結露	• 冬季暖房時に、室内の水蒸気により、外壁などの室内側表面で生じる結露。

■冬季暖房時における外壁の室内側表面の結露防止対策

- 室内より絶対湿度の低い外気との換気を行う。
- 室内の水蒸気の発生を抑制する。
- 室内側表面に近い空気を流動させる。
- 外壁の断熱性を高める。
- 壁体に熱貫流抵抗の大きい材料を用いる。

注意 • 熱貫流抵抗の小さい材料ではない！

内断熱壁の例

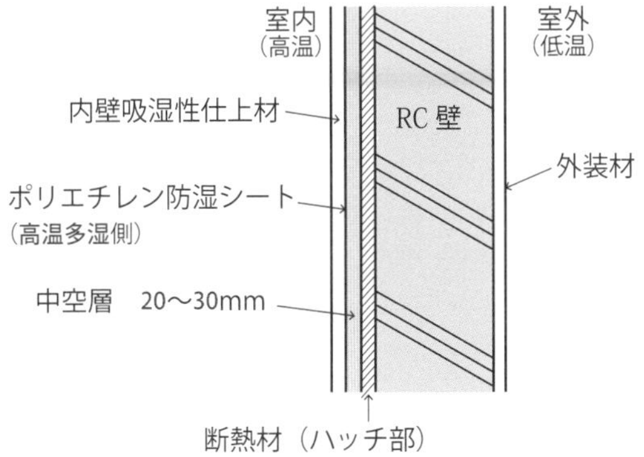

プラスα 熱貫流

- 壁体を挟んだ両側の空気に温度差がある場合、高温部から低温部へ熱が通過する現象をいう。
- 壁等の熱の通しやすさを示す値を熱貫流率といい、熱貫流率が小さいほど断熱性能は高まる。
- 熱貫流のしにくさを示す値を熱貫流抵抗といい、熱貫流率の逆数で表す。

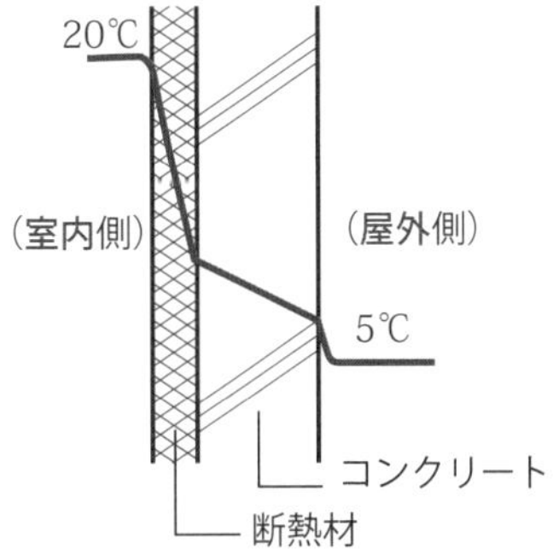

Lesson 05

木造在来軸組構法

一次

横架材

どう指しても
（胴差）

やっぱり
（梁）

負けた
（桁）

横架材には、2 階以上の床の位置で柱をつなぐ胴差《どうさし》、垂木《たるき》を直接受けて屋根荷重を柱に伝える桁《けた》、垂木がかからず桁に直交する梁《はり》がある。

■筋《すじ》かい

- 圧縮力を負担する木材の筋かいは、厚さ 3cm 以上で、幅 9cm 以上とする。
- 筋かいをたすき掛けにするため、やむを得ず筋かいを欠き込む場合は、必要な補強を行う。
- 筋かいの端部は、柱と梁その他の横架材との仕口に接近して、ボルト、かすがい、くぎその他の金物で緊結する。

■柱

- 構造耐力上主要な部分である柱の有効細長比は、150 以下とする。
- 階数が 2 以上の建築物における隅柱またはこれに準ずる柱は、原則として通し柱とする。
- 3 階建の 1 階の構造耐力上主要な部分である柱の断面は、原則として、小径 13.5cm 以上とする。

木造在来軸組構法

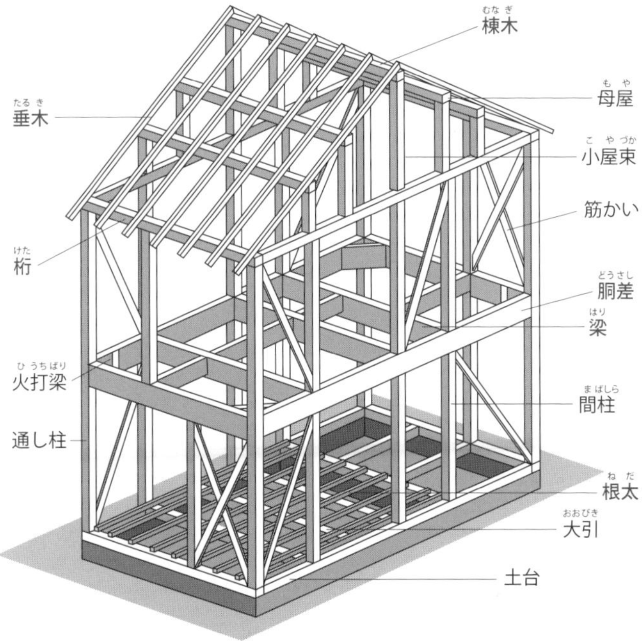

■構造耐力上必要な軸組の長さ

- 構造耐力上必要な筋かいを入れた軸組の長さは、各階の床面積が同じならば、2 階の方が 1 階より小さい値となる。

軸組の種類	軸組長さに乗ずる倍率
厚さ3cm 以上・幅9cm 以上の木材の筋かいを入れた軸組	1.5
9cm 角の木材の筋かいを入れた軸組	3
9cm 角の木材の筋かいをたすき掛けに入れた軸組	5

■接合金物とその用途

ホールダウン金物	柱と土台・基礎の緊結
羽子板ボルト	小屋梁と軒桁・梁・柱、軒桁と通し柱等の取合い
短ざく金物	胴差相互の連結、上下階の管柱の連結
ひねり金物	垂木と軒桁・母屋の接合

Lesson 06

鉄筋コンクリート構造

一次　二次

あばら筋・腹筋・幅止め筋

あばらの下の
（あばら筋）
腹筋を鍛えて
（腹筋）
歯止めをかける
（幅止め筋）

腹筋（はらきん）と幅止め筋は、あばら筋の振れやはらみを止める働きをする。

■鉄筋

- 鉄筋は、引張《ひっぱり》力だけでなく圧縮力に対しても有効に働く。

柱の主筋の断面積の和	コンクリートの断面積の 0.8％以上
柱の帯筋比	0.2％以上

■柱

- 柱は軸方向の圧縮力、曲げモーメント及びせん断力に耐えられるように設計する。
- 柱の最小径は、原則としてその構造耐力上主要な支点間の距離の 1/15 以上とする。
- 柱の出隅《ですみ》部の主筋には、末端部にフックを付ける。
- 柱のせん断補強筋は、柱の**中央部**より**上下端部**の間隔を密にする。
  注意 • **中央部**を密にするのではない！
- 腰壁や垂れ壁が付いた柱は、地震時にせん断破壊を起こしやすい。

■梁

- 梁は、全スパンにわたり**複筋梁**とする。
  ※**複筋**…圧縮側と引張側に入れた鉄筋。
- 大スパンの梁は、長期荷重による**クリープ**（たわみ）を考慮する。
- 大梁は、せん断破壊よりも**曲げ降伏**を先行するように設計する。

注意 • **せん断破壊**を先行させるのではない！

■腹筋と幅止め筋

- 梁のせん断補強筋を**あばら筋**という。
- 梁の**幅止め筋**は、**腹筋**間に架け渡したもので、あばら筋の振れ止め及びはらみ止めの働きをする。

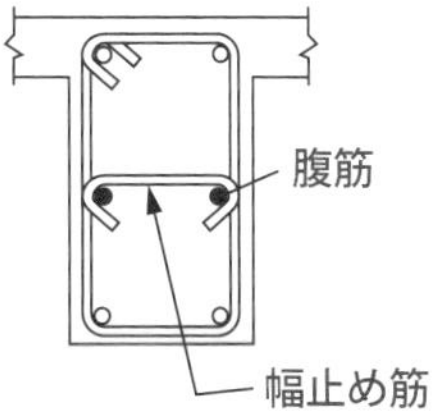

■鉄筋コンクリートの許容応力度

鉄筋の許容付着応力度	コンクリートの設計基準強度が高くなると、高くなる。
コンクリートの長期許容圧縮応力度	設計基準強度の 1/3 とする。
コンクリートの短期許容圧縮応力度	長期に対する値の 2 倍とする。
コンクリートの短期許容せん断応力度	長期に対する値の 1.5 倍とする。

■耐震壁

- 耐震壁は、周囲の柱や梁と一体に造られた壁で、地震時の**水平力**に対して抵抗する。
- 耐震壁は、上階、下階とも**同じ位置**になるように設けるのがよい。

■床スラブ

- 床スラブは、床の**鉛直荷重**を梁に伝えるとともに、地震時の水平力に架構が一体となって抵抗できるようにする役割を持っている。
- 片持ちスラブの厚さは、持出し長さの 1/10 以上とする。

プラスα かぶり厚さ

- 鉄筋に対するコンクリートの**かぶり厚さ**は、構造耐力、耐久性及び耐火性を確保するために必要である。

Lesson 07 鉄骨構造

一次

ラーメン構造・トラス構造

四角いラーメンを
（四角形・ラーメン構造）
三角の箸で取らす
（三角形・トラス構造）

ラーメン構造は四角形の組合せで、トラス構造は三角形の組合せで構成する。

■鉄骨構造の一般的な特徴

- 鉄筋コンクリート構造に比べ、**大スパン**の建築物が可能である。
- 鉄筋コンクリート構造に比べ、同じ容積の建築物では、構造体の軽量化が図れる。
- 鉄筋コンクリート構造に比べ、工場加工の比率が高く、現場作業が少ない。
- 鋼材は強くて粘りがあり、変形能力の高い骨組が可能である。

注意 ・鋼材の変形能力は大きいぞ！

■溶接継目の形式

完全溶込み溶接（突合せ溶接）	・溶接部の強度が母材と同等以上になるように全断面を完全に溶け込ませる溶接である。 ・母材の端部を切り欠いて開先をとり、そこに溶着金属を盛り込んで溶接継目を形づくる。
隅肉《すみにく》溶接	・隅角部に溶着金属を盛って接合する。 ・隅肉溶接の有効長さは、溶接の全長からサイズの２倍を差し引いた値の長さである。

部分溶込み溶接	• 接合部の全断面ではなく、部分的に溶け込ませて接合する。 • せん断力のみを受ける場合に使用でき、繰り返し応力を受ける場所等には使用できない。

■高力ボルト接合の形式

摩擦《まさつ》接合	• 高力ボルトで継手《つぎて》部材を締め付け、部材間に生じる摩擦力によって応力を伝達する接合法であり、最も多く用いられる。 • 摩擦面には、赤錆の発生などによる一定の値以上のすべり係数が必要である。
引張接合	• 柱と梁などの接合に用いられ、高力ボルトの軸方向に応力を伝達する接合法である。
支圧接合	• 部材間の摩擦力、ボルト軸部のせん断力と部材の支圧によって応力を伝える接合法である。

■各部の形式

柱	• 形鋼などの単一材を用いた柱 • 溶接組立箱形断面柱などの組立柱
柱脚	• 露出形式 • 根巻き形式 • 埋込み形式
梁	• 単一材を用いた形鋼梁 • プレート梁やトラス梁などの組立梁

■接合部材

ダイアフラム	• 柱と梁の接合部に設ける補強材。 • 梁のフランジ厚さよりも厚い板厚のものを用いる。
フィラープレート	• 厚さの異なる板をボルト接合する際に設ける。 • 板厚の差によるすき間を少なくするために用いる。
スプライスプレート	• ボルト接合の際に部材間の応力を伝達するために設ける。
ガセットプレート	• 節点に集まる部材相互の接合に用いられる鋼板。
スチフナー	• 梁のウェブの座屈防止のために設ける補強材。

Lesson 08

基礎構造

一次

洪積層・沖積層

高校生は
（洪積層）
中学生より年上
（沖積層）
さすが

しっかりしてる！
（支持力が大きい）

洪積層は沖積層より古い地層で、
支持地盤として適している。

■杭基礎

- 杭基礎は、一般に直接基礎で建物自体の荷重を支えられない場合に用いられる。

支持杭	• 硬い地層に杭先端を貫入させ、主にその杭の先端抵抗力で建物を支持する。
摩擦杭	• 支持層が深く、杭が到達しない場合に、杭周面と地盤との摩擦力で荷重を支える。

■杭の種類と特徴

- 鋼管杭は、既製コンクリート杭に比べて破損しにくく、運搬や仮置きに際して、取扱いが容易である。
- 鋼杭は、地中での腐食への対処として、鋼材の板厚に腐食代《しろ》を考慮し、塗装・ライニングを行うなどの必要がある。

■既製コンクリート杭の種類

SC杭（外殻鋼管付きコンクリート杭）	• **じん性**に富み、大きな**水平力**が作用する杭に適している。
ST杭（拡径断面の遠心力高強度プレストレストコンクリート杭）	• 大きな**支持力**を得ることができる。
節杭（節付き遠心力高強度プレストレストコンクリート杭）	• 杭本体部に外径が軸径よりも大きい節部を多数設けたもので、主に**摩擦杭**として用いられる。

■杭基礎の工法

既製コンクリート杭の工法	**打《うち》込《こ》み工法** **埋《うめ》込《こ》み工法** 注意 • セメントミルク工法は、**伏流水**《ふくりゅうすい》のある地盤には適さない！
場所打ちコンクリート杭工法	アースドリル工法 オールケーシング工法 リバース工法 注意 • アースドリル工法は、オールケーシング工法やリバース工法に比べて**狭い敷地**での作業性がよい！

■直接基礎

- 基礎スラブの形式によって、**フーチング基礎**と**べた基礎**に大別される。
- 直接基礎の鉛直支持力は、基礎スラブの根入れ深さが深くなるほど**大きくなる**。
  注意 • 小さくなるのではない！
- 同一建築物に杭基礎と直接基礎など異種の基礎を**併用**することは、なるべく避ける。

プラスα 地盤

- 洪積層は、沖積層に比べ、建築物の支持地盤として適している。

Lesson 09 構造力学

一次

固定荷重・積載荷重

コテコテの　壁と床
（固定荷重）　（壁）（床）
この椅子はぼくの席さ
（椅子）　（人）　（積載荷重）

建物に固定された壁や床などは固定荷重、テーブルや椅子、人などは積載荷重である。

■構造材料の力学的性質

クリープ	• 一定の大きさの持続荷重によって、時間とともにひずみが増大する現象。
塑性	• 物体に外力を加えて変形した後に、外力を除いても、変形が残る性質。
ヤング係数	• 弾性係数の１つで、垂直応力度 σ と材軸方向のひずみ度 ε との比。 ヤング係数 $E = \sigma / \varepsilon$
座屈	• 細長い材の材軸方向に圧縮力が生じているとき、その力がある限界を超えると、その材が急に横へ曲がり出す現象。

■部材の応力度及び荷重の算定とそれに用いる係数の組合せ

算定項目	係　数
引張応力度	断面積
曲げ応力度	断面係数
せん断応力度	断面一次モーメント
座屈荷重	断面二次モーメント

■風圧力

風圧力＝速度圧×風力係数

※風力係数は、建築物の断面及び平面の形状に応じて定められた数値とするか、風洞実験によって定める。

注意 • 風圧力は、地震力と同時に作用しないものとして計算する！

■荷重

固定荷重＝建築物各部自体の体積×その部分の材料の単位体積質量×重力加速度

積雪荷重＝積雪の単位荷重×屋根の水平投影面積×その地方の垂直積雪量

■地震力

地上階における地震力

＝算定しようとする階の支える荷重×その階の地震層せん断力係数

- 地震層せん断力係数は、上階になるほど大きくなる。
- 地震力は、建築物の固定荷重または積載荷重を減ずると小さくなる。
- 多雪区域における地震力の算定に用いる荷重は、建築物の固定荷重と積載荷重の和に積雪荷重を加えたものとする。

注意 • 雪下ろしを行う慣習のある地方では、積雪荷重を低減することができる！

■反力の求め方

①各支点の反力を仮定する。

②外力を整理する。

③つり合い条件から反力を求める。

■静定構造物の応力の求め方

①構造物全体のつり合いから反力を求める。

②算定する部材を仮想切断する。

③部分構造物のつり合い条件から、応力を求める。

プラスα　床と大梁の構造計算

- 床の構造計算をする場合と大梁の構造計算をする場合では、異なる単位床面積当たりの積載荷重を用いることができる。

Lesson 10 木材

一次

集成材・合板

へえ、こう修正したの
(平行)　(集成材)

ちょっと！書くなよ
(直角)

交番に
(合板《こうはん》)

集成材は、繊維方向をほぼ平行にして接着し、合板は、繊維方向を直角にして接着する。

■構造材料の力学的性質

集成材	• ひき板、小角材等をその繊維方向を互いにほぼ**平行**にして、厚さ、幅及び長さの方向に**集成接着**したものである。
直交集成板	• ひき板、小角材をその繊維方向を互いにほぼ**平行**にして幅方向に並べ、または接着したものを、主としてその繊維方向を互いにほぼ**直角**にして**積層接着**し、3 層以上の構造を持たせたものである。
合板	• 切削した単板 3 枚以上を、主としてその繊維方向を互いにほぼ**直角**にして接着したものである。
単板積層材	• 繊維方向が平行になるように**積層接着**したものである。
フローリングボード	• 1 枚のひき板を基材とした単層フローリングである。
フローリングブロック	• ひき板を **2 枚以上**並べて接合したものを基材とした単層フローリングである。
パーティクルボード	• 木材などの小片を、接着剤を用いて**熱圧成形**したものである。

■木材の含水率と強度

- 木材の強度は、含水率が同じ場合、密度の大きいものほど**大きい**。
- 木材の強度は、繊維飽和点以上では、含水率が変化しても**ほぼ一定**である。

注意 • 密度の大きい木材ほど、含水率の変化による膨張や収縮が**大きい**！

■木材の熱伝導率

- 密度の小さいものほど**小さい**。
- 含水率が低いほど**小さい**。

■心材と辺材

- 心材は、辺材に比べて耐久性が**大きい**。
- 心材は、辺材に比べて腐朽菌や虫害に対して抵抗が**高い**。
- 心材は、辺材に比べて乾燥にともなう収縮が**小さい**。

■節と年輪

- 節は、断面の減少や応力集中をもたらし、強度を**低下**させる。
- 木材の乾燥収縮の割合は、年輪の**接線方向**が最も大きく、**繊維方向**が最も小さい。

注意 • 繊維に直交する方向の圧縮強度は、繊維方向の圧縮強度より**小さい**！
つまり、繊維方向のほうが縮みにくい！

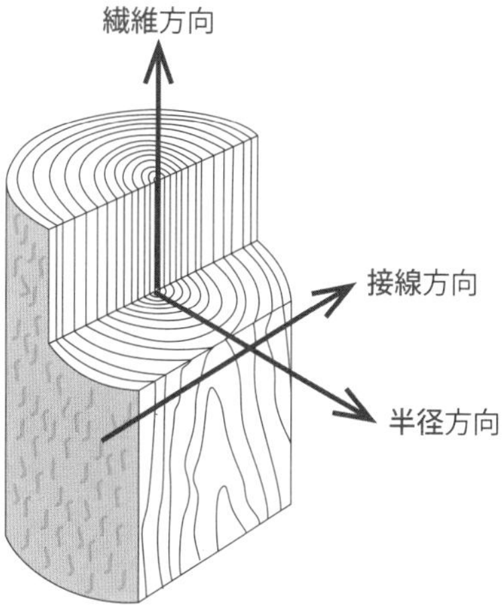

■広葉樹と針葉樹

- 木材の曲り、ねじれ及び反りは、一般に広葉樹の方が針葉樹に比べ**大きい**。

プラスα 全乾状態・気乾状態

- 全乾状態とは、木材の水分が完全に無くなった状態をいう。
- 気乾状態とは、大気中の水分と木材の含有水分が平衡になった状態をいう。

Lesson 11 コンクリート・セラミックタイル

一次

ヤング係数

でかいヤングは
（大きいヤング係数）
押しつぶされない
（圧縮強度が高い）

ヤング係数は、変形しにくさ（硬さ）を示す指標で、値が大きいほど、圧縮に対する強度も高くなる。

■コンクリートの性質

- セメントの粉末が微細なほど、強度発現は速くなる。

注意 • 遅くなるのではない！

- 水セメント比が低くなるほど、耐久性は向上する。
- 単位水量が多くなるほど、乾燥収縮が大きくなる。
- 圧縮強度が高くなるほど、ヤング係数は大きくなる。
- 引張強度は、圧縮強度の 1/10 程度である。
- 線膨張《せんぼうちょう》係数は、鉄筋とほぼ同じである。
- 不燃材料だが、長時間火熱を受けると変質する。
- 大気中の炭酸ガスやその他の酸性物質の浸透によって徐々に中性化する。
- 普通コンクリートの単位容積質量は、約 2.3t/m^3 である。

■セラミックタイルに関する用語

セラミックタイル	• 粘土またはその他の無機質材料を成形し、高温で焼成した、厚さ 40mm 未満の板状の不燃材料をいう。
素《そ》地《じ》	• タイルの主体をなす部分をいい、施ゆうタイルの場合、表面に施したうわぐすりを含まない。
ユニットタイル	• 施工しやすいように多数個のタイルを並べて連結したものをいう。
表張りユニットタイル	• 多数個並べたタイルの表面に、表張り紙を張り付けて連結したものをいう。
裏連結ユニットタイル	• 多数個並べたタイルの裏面や側面を、ネットや台紙等の裏連結材で連結したものをいう。 • 裏連結材は、施工時にそのまま埋め込む。

■セラミックタイルの分類

うわぐすりの有無	施ゆう	• うわぐすり有り。
	無ゆう	• うわぐすり無し。
形状	平物	• 平らで四角いタイル。
	役物	• 主に開口部・隅角部などに用いるタイル。
成形方法	押出し成形	• 含水率の高い素地原料を、押出成形機で成形したタイル。
	プレス成形	• 細かく粉砕された含水率の低い素地原料を、高圧プレス機で成形したタイル。
吸水率	I 類	• 強制吸水率 3.0％以下。
	II 類	• 強制吸水率 10.0％以下。
	III 類	• 強制吸水率 50.0％以下。

プラスα　タイル裏面の形状

• セメントモルタルによる外壁タイル後張り工法で施工するタイルの裏あしの形状は、あり状とする。

Lesson 12 防水材料・シーリング材・ボード類

一次

合成高分子系ルーフィングシート

どうせ混むし
（合成高分子）

シートに帽子
（シート防水）

合成高分子系ルーフィングシートは、下地《したじ》に張り付けて<u>シート防水</u>層を形成するために用いられる。

■アスファルトルーフィングの種類

アスファルトフェルト	• 有機天然繊維を主原料とした原紙にアスファルトを浸透させたもの。
アスファルトルーフィング	• 有機天然繊維を主原料とした原紙にアスファルトを浸透、被覆し、表裏面に鉱物質粉末を付着させたもの。
網状《もうじゅう》アスファルトルーフィング	• 天然または有機合成繊維で作られた粗布にアスファルトを浸透、付着させたもの。 • 立上《たちあが》り防水層の張りじまいや貫通配管回り等の増張《ましば》りに用いる。
砂付《すなつき》ルーフィング	• 原反にアスファルトを浸透、被覆し、表面の片側100mmを除いた残りの表裏面に鉱物質粒子を密着させ、残りの表裏面に鉱物質粉末を付着させたもの。
砂付あなあきアスファルトルーフィング	• 下地と防水層を絶縁するために用いる。
アスファルトプライマー	• 下地と防水層の接着性を向上させるために用いる。

■シーリング材の種類と性質

種　類	特　徴
シリコーン系	• 耐候性、耐久性に優れている。 • 表面への塗料の付着性が悪い。
変成シリコーン系	• 耐熱性及び耐寒性が良好である。 • ガラス越しの耐光接着性が悪い。
ポリサルファイド系	• 表面の仕上塗材や塗料を変色させることがある。
ポリウレタン系	• 施工時の気温や湿度が高いと発泡のおそれがある。
エマルションタイプアクリル系	• 0℃以下での施工は避ける。
アクリルウレタン系	• ガラス回り目《め》地《じ》に適さない。

■ボード類の種類と特徴

種　類	特　徴
シージングせっこうボード	• 両面のボード用原紙及び芯のせっこうに防水処理を施したもの。 • 普通せっこうボードに比べ吸水時の強度低下、変形が少ない。
強化せっこうボード	• 芯のせっこうに無機質繊維を混入した上で油脂をしみ込ませ、強度を向上させたもの。 注意 • 有機質繊維ではない！
けい酸カルシウム板	• 石灰質原料、けい酸質原料、繊維等を原料とし、成形後に高温高圧蒸気養生を施したもの。 • 軽量で耐火性、断熱性がよい。
フレキシブル板	• セメント、無機質繊維を主原料とし、成形後に高圧プレスをかけたもの。 • 強度が高く、可とう性がある。
インシュレーションボード	• 断熱性に優れている。
ロックウール化粧吸音板	• 吸音性に優れている。 注意 • 耐水性は優れていない！
木毛セメント板	• 断熱性、吸音性に優れている。

Lesson 13 鋼材・建具・内装材料

一次

建具の性能項目

衝撃的な　　**機密を**
（耐衝撃性）　（気密性）

つい見つけたんだね
（水密性）　（断熱性）

結論　　**ぼかぁ**
（結露防止性）（防火性）

対抗できないけどあんた
（耐候性）　（形状安定性）

強かんべぇ
（強さ・開閉力）

建具の性能項目には、耐衝撃性、気密性、水密性、断熱性、結露防止性、防火性、耐候性、形状安定性、強さ、開閉力などがある。

■鋼の一般的な性質

- 弾性限度内であれば、引張荷重を取り除くと元の状態に戻る。
- ヤング係数は、約 $2.05 \times 10^5 N/mm^2$ で、常温では鋼材の強度にかかわらずほぼ一定である。
- 引張強さは、250 ～ 300℃程度で最大となり、それ以上の高温になると急激に低下する。
- 炭素含有量が多くなると、破断までの伸びが小さくなる。
  注意 • 大きくなるのではない！
- 炭素含有量が多くなると、溶接性は低下する。
  注意 • 向上するのではない！
- 熱処理によって、強度などの機械的性質を変化させることができる。

■ JISに規定する構造用鋼材

記　号	概　要
SS材	• 一般構造用圧延鋼材と呼ばれ、一般的に使用される鋼材である。
SN材	• 建築構造用圧延鋼材と呼ばれ、性能によりA種、B種、C種に分類される。
SSC材	• 一般構造用軽量形鋼と呼ばれ、冷間成形された軽量形鋼である。
STK材	• 一般構造用炭素鋼鋼管と呼ばれ、土木・建築等の構造物に使用される鋼管である。

■ JISに規定する建具の性能項目

強さ	• 外力に耐える程度
耐衝撃性	• 衝撃力に耐える程度
気密性	• 空気のもれを防ぐ程度
水密性	• 風雨による建具室内側への水の浸入を防ぐ程度
断熱性	• 熱の移動を抑える程度
結露防止性	• 建具表面の結露の発生を防ぐ程度
防火性	• 火災時の延焼防止の程度
面内変形追随性	• 地震によって生じる面内変形に追随し得る程度
耐候性	• 構造、強度、表面状態などがある期間にわたり使用に耐え得る品質を保持している程度
形状安定性	• 環境の変化に対して形状寸法が変化しない程度
開閉力	• 開閉操作に必要な力の程度

■内装材料

せっこうボード	• 防火性に優れる。
けい酸カルシウム板	• 軽量で不燃性に優れる。
エポキシ樹脂系塗り床材	• 耐薬品性に優れる。
ビニル床シート	• 熱に弱い。 • 帯電防止性を有するものがある。

Lesson 01

構内舗装工事・測量

一次

プライムコート・タックコート

ロバが
(路盤)
着そうなプライムコート
(基層)
ヒョウが
(表層)
着そうなタックコート
(基層)

プライムコートは路盤と基層の接着性、タックコートは基層と表層の接着性を向上させるために使用される。

■アスファルト舗装

- 路床は、地盤が軟弱な場合を除いて、**現地盤の土**をそのまま十分に締め固める。
- 路盤は、舗装路面に作用する荷重を**分散**させて路床に伝える役割を持っている。
- プライムコートは、路盤の仕上がり面を保護し、**路盤と基層**との接着性を向上させる役割を持っている。

  注意 ・**路床と路盤のあいだではない！**
- タックコートとは、**基層と表層**の接着性を高めるために使用されるものをいう。

アスファルト舗装の構成

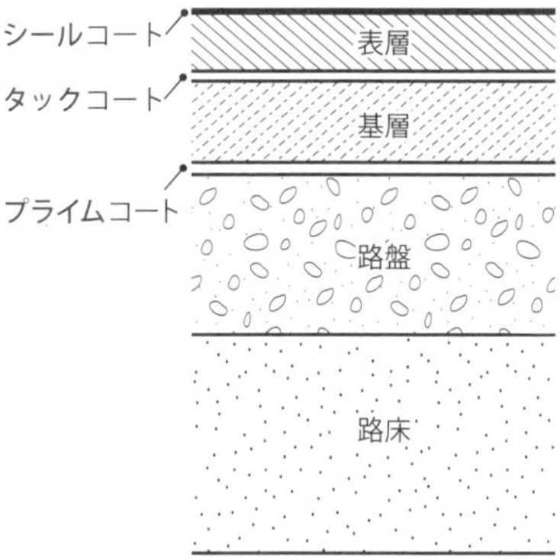

■構内舗装工事

- アスファルト舗装の表層から路盤までの厚さは、路床土の設計 CBR の値が**大きいほど薄く**できる。
- コンクリート舗装に用いるコンクリートのスランプの値は、一般の建築物に用いるものより**小さい**。

注意 • 大きいではない！

測量の種類と使用機器

距離測量

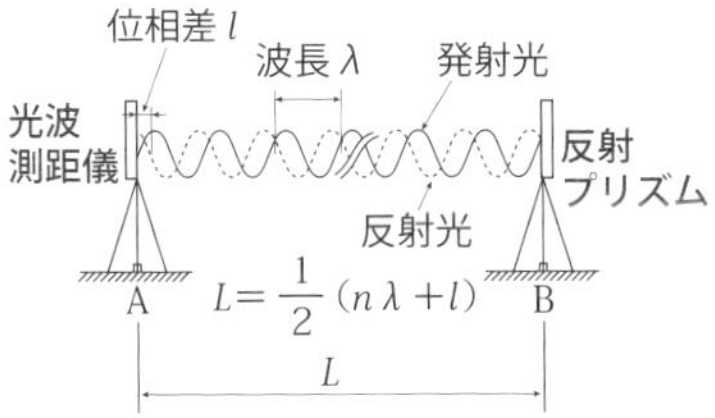

スタジア（角）測量

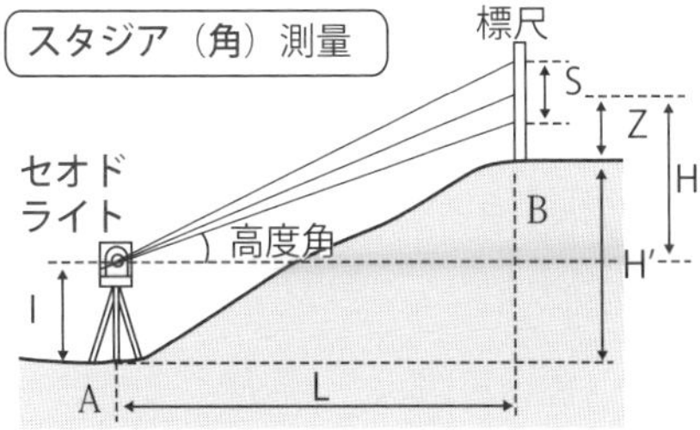

平板測量

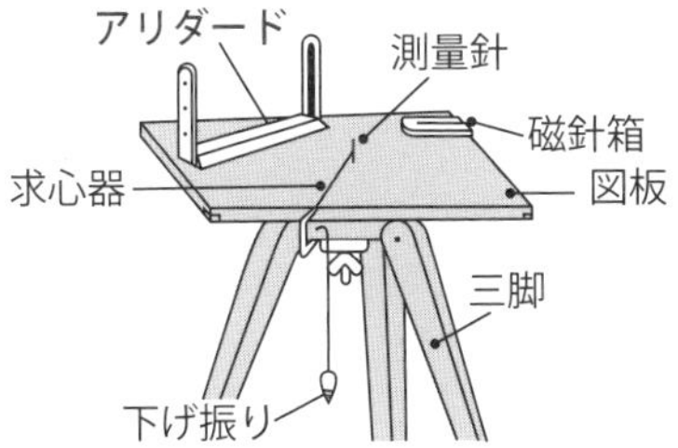

直接水準測量

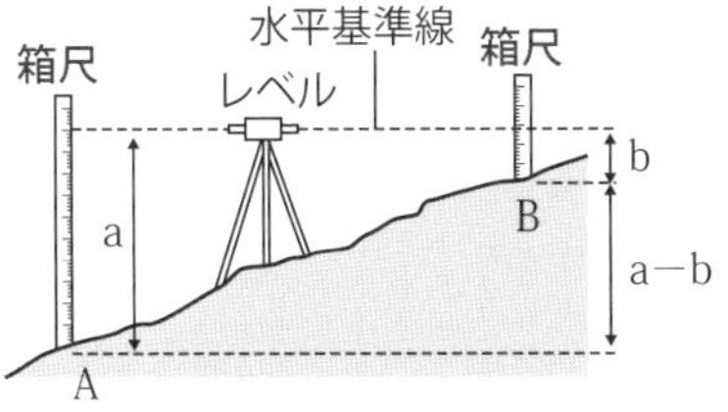

点 A、B の高低差は a−b で求められる。

- トータルステーション…1 台で**角度**と**距離**が同時に測定できる電子式測距測角儀。

プラスα クラッシャラン

- クラッシャランとは、岩石を割り砕いたままで、ふるい分けをしていない砕石のことをいう。

Lesson 02

照明設備・電気設備

一次

ナトリウムランプ

高圧的なトリは
（高圧ナトリウムランプ）
高く天井に舞い上がり
（高天井）
低血圧なトリは
（低圧ナトリウムランプ）
トンネルをくぐる
（トンネル）

高圧ナトリウムランプは体育館などの高天井に用いられ、低圧ナトリウムランプは、トンネル照明などに用いられる。

■照明器具の種類と特徴

種　類	特　徴
ハロゲン電球	• 光色、演色性がよく、店舗等の照明や投光用の照明に用いられる。
Hf 蛍光ランプ	• 高効率、長寿命でちらつきが少なく、事務所などの照明に用いられる。
高圧ナトリウムランプ	• 高効率、長寿命なので体育館等の高天井に用いられる。
低圧ナトリウムランプ	• 橙黄色の単色光で、トンネル照明などに用いられる。
メタルハライドランプ	• 演色性に優れ、スポーツ施設などの照明に用いられる。
LED 照明	• 長寿命で消費電力が低く、使用事例が急増している。

主な構内電気設備の名称とその配線用図記号

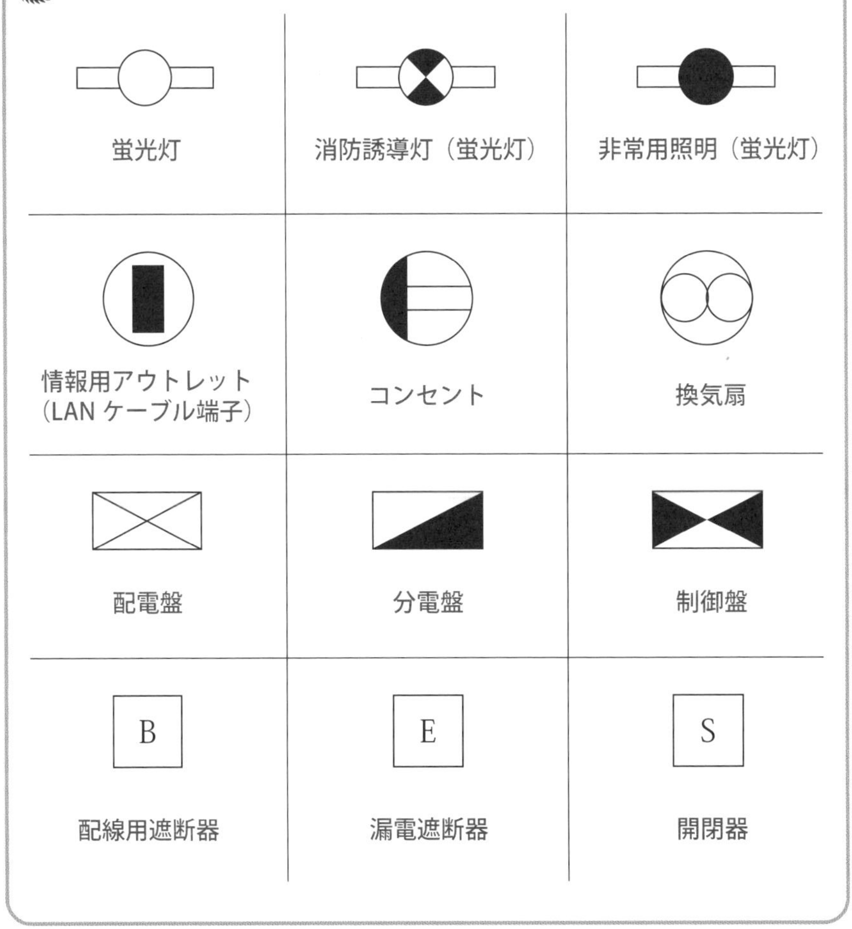

■電気設備及び電気通信設備に関する用語

キュービクル	• 金属製の箱に変圧器や遮断器などを収めたものである。
過電流遮断器	• 屋内配線の短絡《たんらく》や過負荷などの際に、回路を遮断するための装置である。 注意　• 漏電《ろうでん》遮断器ではない！
IP－PBX	• 施設内の LAN を利用して内線電話網を構築できる交換機である。
同軸ケーブル	• CATV の配信などの情報通信に用いられる。

Lesson 03

空気調和設備・防災設備

一次

熱感知器・煙感知器

熱を感じる
（熱感知器）

佐渡の低音
（差動式・定温式）

煙に巻くなら
（煙感知器）

こうでんな
（光電式）

熱感知器には、差動式と定温式があり、煙感知器は、光電式である。

■空気調和設備

単一ダクト方式	• 主機械室の空気調和機から各室まで、単一のダクトで冷風または温風を送る方式。
定風量単一ダクト方式	• 部分的な負荷変動が少ない劇場、オーディトリウムに適している。
変風量単一ダクト方式	• VAV ユニットの開度を調整することにより、送風量を変化させることで室温を制御する方式。
二重ダクト方式	• 冷風、温風の 2 系統のダクトを設置し、混合ユニットで室内に吹き出すことにより室温を制御する方式。 • 別々の部屋で同時に冷房と暖房を行うことができる。
ファンコイルユニット方式	• ユニットごとの温度調節が容易である。
パッケージユニット方式	• 圧縮機、送風機、加熱器等を内蔵した一体型の空調機を使用し、機械室、配管、ダクト等のスペースが少なくてすむ。

■防災設備

警報設備	**自動火災報知設備**	• 火災による煙や熱を感知器が**自動的**に感知して、警報ベルなどで、火災を知らせる警報設備である。
避難設備	**避難口誘導灯**	• 避難口の上部等に設け、**避難口の位置**の明示を主な目的とする避難設備である。
	通路誘導灯	• 避難経路に設け、**避難の方向**の明示を主な目的とする避難設備である。
	客席誘導灯	• 劇場の客席に設け、避難上必要な**床面照度の確保**を主な目的とする避難設備である。
非常用の照明装置		• 火災時等に停電した場合に**自動的に点灯**し、避難上必要な床面照度の確保を目的とする照明設備である。

■自動火災報知設備の感知器

差動式分布型熱感知器	• 周囲温度の**温度上昇率**が一定率以上になったときに作動するもので、湯沸室や厨房などの**温度変化**が激しい場所には適さない。
定温式スポット型熱感知器	• 火災時の熱により**1局所**が一定温度に達することにより作動する。
光電式スポット型煙感知器	• 火災時の**1局所**の煙により光電素子の受光量が変化することにより作動する。
光電式分離型煙感知器	• **広範囲**の煙による光電素子の受光量の変化により作動し、天井が高い場合や吹抜けモール部分などに適している。

プラスα　非常ベル

• 非常ベルは、自動火災報知設備の作動に連動、または放送設備の操作部を人が操作することで、災害の発生を知らせる**非常警報設備**であり、煙や熱を感知して自動的にベルが鳴るわけではない。**自動火災報知設備とまちがわせるひっかけ問題に注意しよう！**

Lesson 04 給排水設備

一次

雨水桝・汚水桝

うすいのは　**だめ**
（雨水桝）　（泥だめ）

いちおしは
（汚水桝）

濃いい番茶
（インバート）

雨水桝《うすいます》には泥《どろ》だめを、汚水《おすい》桝には
インバートを設ける。

給水方式

水道直結直圧方式

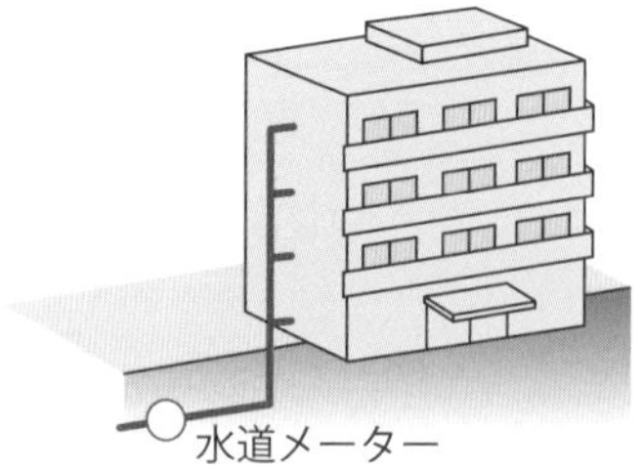

- 水道本管から給水管を引き込み、水道の圧力を利用して直接各水栓に給水する方式。

水道直結増圧方式

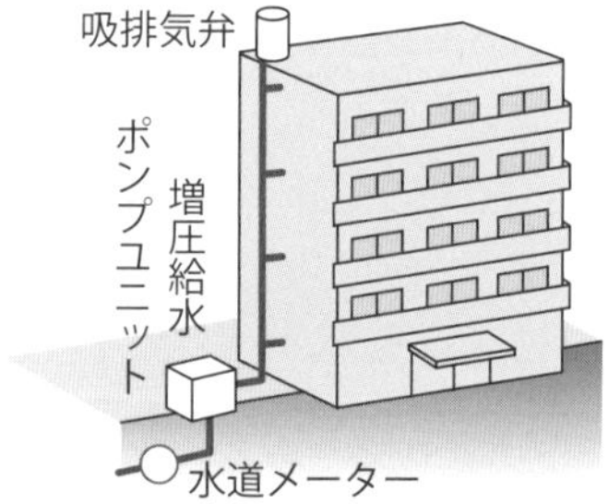

- 水道本管から分岐した水道引き込み管に増圧給水装置を直結し、建物各所に給水する方式。

■給水タンク

- 給水タンクの容量は、1 日の予想給水量をもとに、給水能力や使用時間などを考慮して決める。
- 飲料水用の給水タンクは、外部からタンクの天井、底及び周壁の保守点検を行うことができるように設ける。

■排水設備

- 地中埋設排水管の勾配《こうばい》は、原則として、1/100 以上とする。
- 排水管を給水管に平行して埋設する場合の両配管のあきは、原則として、500mm 以上とする。

トラップ	• 悪臭・ガス・虫等が室内に侵入することを防ぐために設ける。
排水系統に設ける通気管	• 排水トラップの破封を防止するためのものである。 ※破封…トラップ内の封水が減少して、トラップの機能が果たせなくなること。
桝・マンホール	• 地中埋設排水管の長さが、その内径または内法幅の 120 倍を超えない範囲内で設ける。 • 桝を設ける場合、雨水桝には泥だめを、汚水桝にはインバートを設ける。 • 雨水用排水桝及びマンホールの底部には、深さ 15cm 以上の泥だめを設ける。

■屋外排水工事

- 管きょに用いる遠心力鉄筋コンクリート管は、外圧管を用いる。
- 遠心力鉄筋コンクリート管のソケット管は、受口を上流に向けて敷設する。

注意 • 下流に向けてではない！

- 遠心力鉄筋コンクリート管のソケット管の継手は、ゴム接合とする。
- 硬質ポリ塩化ビニル管をコンクリート桝に接合する部分には、砂付きの桝取付け短管を用いる。

プラスα　公共下水道の排水方式

- 公共下水道の排水方式には、汚水と雨水を同一系統で排除する合流式と、別々の系統で排除する分流式とがある。

Lesson 01

地盤調査

一次
二次

標準貫入試験

六さんのごはんを
(63.5kg・ハンマー)
七郎が
(760mm)
落とした
(自由落下)

標準貫入試験は、質量 63.5kg のハンマーを、760mm の高さから自由落下させて行う。

■標準貫入試験

・土の動的貫入抵抗を求めるために行う試験である。

手順　①質量 63.5kg のハンマーを、760mm の高さから自由落下させる。
②本打ち 300mm に要する打撃回数を N 値とする。

・必要な打撃回数は 100mm 貫入毎に記録する。
ただし、打撃 1 回ごとの貫入量が 100mm を超えた場合は、その貫入量を記録する。

・本打ちの打撃回数は、特に必要のないかぎり 50 回を限度とする（必要に応じて、100 回まで増やすことができる）。

・所定の打撃回数で貫入量が 300mm に達しない場合、打撃回数に対する貫入量を記録する。

試験結果　・砂質土の内部摩擦角や、粘性土の一軸圧縮強度が推定できる。

注意　・粘性土におけるせん断抵抗角（内部摩擦角）は推定できない！

■平板載荷試験

- 試験で求めることができる地盤の支持力特性は、載荷板直径の 1.5 ～ 2 倍程度の深さまでである。

注意 • 5倍ではない！

- 載荷板は、十分な剛性をもつ直径 300 mm 以上の円形の鋼板とする。
- 試験地盤面は、載荷板の中心から 1 m 以上（載荷板直径の 3 倍以上）の範囲を水平に整地する。
- 載荷板の沈下量を測定するための変位計は、4 箇所以上設置する。

「標準貫入試験」と「平板載荷試験」

標準貫入試験

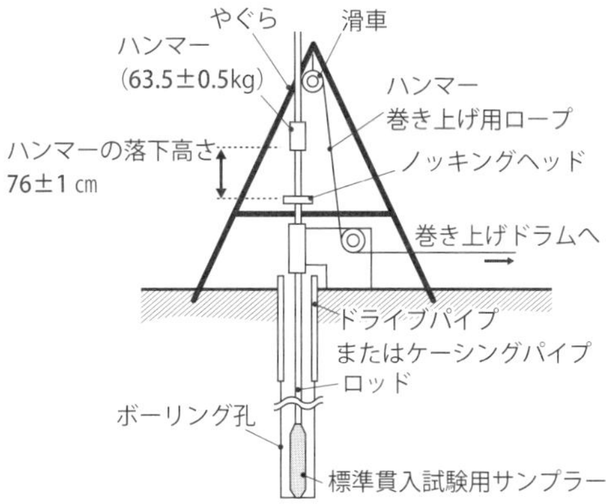

平板載荷試験装置
の設置例

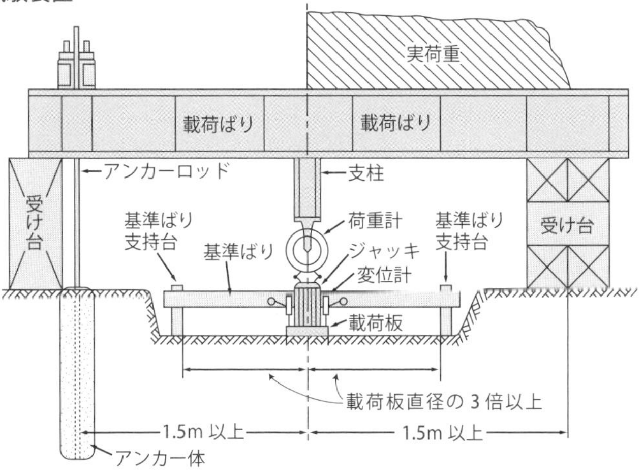

Lesson 02

遣方・墨出し

一次
二次

墨の引通し

ロックのリズムで
（陸墨）
弾き通すのはムリ！
（墨の引通し）

墨《すみ》の引通《ひきとお》しにより下階の墨を上げるのは地墨《じずみ》であり、陸墨《ろくずみ》を上げることはできない。

遣方《やり》

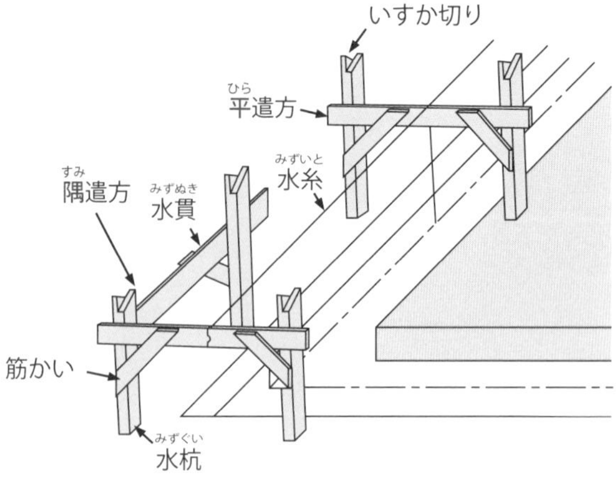

- 遣方は、建物の高低、位置、方向、心の基準を明確にするために設ける。
  隅遣方…建築物の隅部に設ける。
  平遣方…建築物の隅部以外に設ける。
  水杭…根切りや基礎工事に支障がない位置に打ち込む。
  　　水杭の頭部は、物が接触した場合等に、その変状で移動をすぐに発見できるようにいすか切りとする。
  水貫…上端を水杭にしるした高さの基準に合わせて水平に取り付ける。

■墨出し

地墨…平面の位置を示すために床面につける墨。

陸墨…水平の基準を示すために壁面につける墨。

注意 • 垂直ではない！

- 位置の基準点は、建築物の縦、横 2 方向の通り心を延長し、工事の影響を受けない位置に設ける。
- 通り心、高低のベンチマーク等の基準墨については、図面化し、墨出し基準図を作成する。
- 通り心の墨打ちができない場合は、通り心より 1m 離れたところに逃げ墨を設け、基準墨とする。
- 2 階より上階における高さの基準墨（陸墨）は、鉄骨などの比較的剛強な垂直部材を利用して、1 階の基準高さからスチールテープで出す。

注意 • 墨の引通しによって、順次下階の墨を上げるのは、地墨である。

プラスα　ベンチマーク

- 建築物等の高低と位置の基準を示すものをベンチマークといい、通常 2 箇所以上設けて、相互にチェックできるようにする。

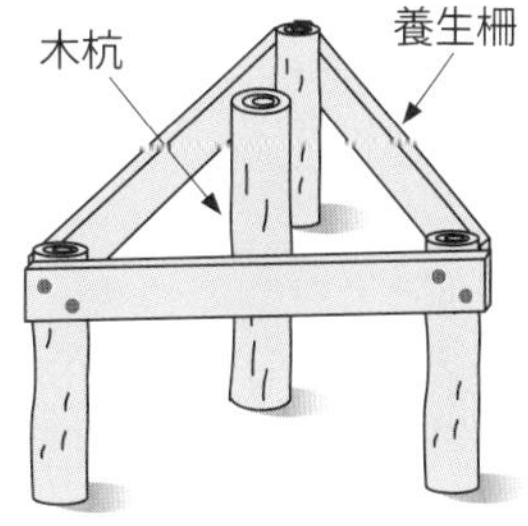

Lesson 03

土工事

一次
二次

ロードローラ・振動ローラ

静かな　**ロードで**
(静的)　(ロードローラ)

しんどい　**運動**
(振動ローラ)　(動的)

ロードローラは**静的**圧力（重量）を用い、振動ローラは**動的**圧力（振動・衝撃）を用いる締固《しめかた》め機械である。

■根切り（掘削）・床付け

- 掘削機械による床付けは、床付け面の近くでショベルの刃を**平状**のものに替えて行う。
- 床付け面付近の掘削は、地盤を乱さないよう機械を**後退**させながら施工する。

注意 • **前進**させるのではない！

- 掘削終了後は、床付け地盤が**設計図書**に示してある地層、地盤と一致していることを確認する。

※床付け…計画深さまで根切り床を掘削した後、**平ら**に仕上げること。

■埋戻し土

- 粘性土を用いるよりも、透水性の高い**砂質土**を用いるほうがよい。

砂質土を用いた場合	• 粒度試験を行い、均等係数が**大きい**ものを使用する。 • 山砂、川砂、海砂のなかでは、均等係数が大きい**山砂**が最も適している。 • 比較的透水性のよい山砂を用いた場合、**水締め**で締固める。

粘性土を用いた場合	• 長期的に見て、**沈下**を引き起しやすい。 • 余《よ》盛《も》りは、砂質土を用いる場合より**大きく**する。 ※余盛り…**沈下分**を見込んで、余分に盛土《もりど》すること。

■締固め

- 密な状態に締固めるには、均等係数が大きい**山砂**が最も適している。

注意 • 川砂ではない！

- 根切り時に、粘性土の床付け地盤を乱した場合には、**砂質土**と置換して締め固める。

■締固め機械

静的圧力による締固め	• ロードローラ • タイヤローラ
動的圧力による締固め	• 振動ローラ
小規模工事や狭い箇所での締固め	• 振動コンパクター • ランマー • タンパー

プラスα 土質改良

- 建設発生土には、埋戻し土として、そのままで使用可能なものと、適切な**土質改良**を行えば使用可能なものがある。

土質改良の種類

含水比低下	• 水切り、天日乾燥、水位低下掘削等を用いて、**含水比**の低下を図ること。
粒度調整	• 利用場所や目的によって、細粒分あるいは粗粒分の付加や、ふるい選別を行うこと。
機能付加・補強	• 固化材、水や軽量材等を混合することにより、発生土に**流動性**、**軽量性**などの付加価値をつけることや、補強材等による発生土の補強を行うこと。
安定処理等	• セメントや石灰による**化学的**安定処理と、高分子系や無機材料による水分の土中への**固定**を主目的とした改良材による土質改良を行うこと。

Lesson 04

山留め

一次
二次

山留め壁の種類

親を食い
（親杭横矢板壁）
荒野を　攻めんと
（鋼矢板壁）　（ソイルセメント壁）
地中に壁を築く
（場所打ち鉄筋コンクリート地中壁）

山留め壁には、止水性のない親杭横矢板壁と、止水性を有する鋼矢板壁、ソイルセメント壁、場所打ち鉄筋コンクリート地中壁がある。

■山留め工法

工法名	特　徴
自立山留め工法	• 山留め壁の根入れ長さを十分に取る必要がある。
法《のり》付けオープンカット工法	• 周辺に安全な勾配の法面を形成しながら根切りする工法である。 • 山留め支保工が不要であり､地下躯体の施工性がよい。 • 掘削部周辺に敷地の余裕がある場合に適している。
水平切梁工法	• 敷地に大きな高低差がある場合には適していない。
地盤アンカー工法	• 偏土圧となる傾斜地の山留め工事に有効である。
タイロッドアンカー工法	• 山留め壁頭部の変形を抑制したい場合に有効である。

アイランド工法	• 根切りする部分が広くて浅い場合に適している。 • 水平切梁工法に比べ、切梁の長さを短くできる。
トレンチカット工法	• 根切りする部分が広くて浅い場合に適している。

■山留め壁の種類と適用性

種　類	適用性
親杭横矢板壁	• 鋼矢板壁と比較して、やや固い地盤や砂礫地盤での施工に適している。 • 著しく軟弱な粘土層やシルト層などの地盤、あるいは地下水位の高い地盤には適さない。
鋼矢板壁	• 鋼管矢板壁と比較して、根切り底が浅い掘削となる施工に適している。
ソイルセメント壁	• 地下水位の高い砂礫地盤や軟弱地盤での施工に適している。
場所打ち鉄筋コンクリート地中壁	• 軟弱地盤や根切り底が深い掘削となる施工に適している。

■親杭横矢板工法

- 止水性を必要としない山留め工事に用いられる。
- プレボーリングにより親杭を設置するので、受働抵抗を十分に発揮させるために杭の根入れ部分は根固め液を注入する。

  注意 • 良質土で充填《じゅうてん》するのではない！
- 矢板背面の地山を削り取る深さは、矢板の厚みに埋戻しができる余掘り厚を加えた程度までとする。
- 矢板は、取付けが可能な深さまでの掘削を完了した箇所から順次速やかに設置する。
- 矢板は、設置後にはずれないよう、親杭に矢板材の両端が 50mm かかるように設置する。
- 横矢板のはずれ防止として、桟木《さんぎ》を矢板両側に釘止めする。
- 矢板の裏側に裏込め材を十分充填した後、親杭と矢板材との間にくさびを打ち込んで、裏込め材を締め付け、安定を図る。
- 支保工として地盤アンカーを用いる場合、地盤アンカーから伝達される鉛直力に対する検討が必要である。

Lesson 05 地業工事

一次
二次

鉄筋かごの継手

鉄のかごを
(鉄筋かご)
シャキーンと
(主筋)
重ねる
(重ね継手)

場所打ちコンクリート杭工法において、組み立てた鉄筋かご相互の主筋の接続は、原則として重ね継手とする。

■砂利地業

使用材料

- 砂利は、粒径のそろった砂利よりも砂混じりの**切込み砂利**などを用いる。
- 砂は、締固めが困難にならないように、シルトなどの**泥分**が多量に混入したものを避ける。
- 再生クラッシャランは、コンクリート塊を破砕したものであり、品質のばらつきが大きい。

締固め

- 締固め後の地業の表面が所定の高さになるよう、あらかじめ**沈下量**を見込んでおく。
- 層厚が厚い場合の締固めは、**2 層以上**に分けて行う。
- 床付け地盤を乱さないよう注意して行う。
- 締固めによるくぼみが生じた場合には、砂・砂利などを補充して再度転圧する。

■捨てコンクリート地業

- 捨てコンクリート地業は、掘削底面の**安定化**や、基礎スラブ及び基礎梁のコンクリートの**流出**等を防ぐために行う。
- 床付け地盤が堅固で良質な場合には、地盤上に捨てコンクリートを**直接**打設することができる。
- 捨てコンクリートの水分が著しく**脱水**するおそれがある場合は、ビニールシート等を敷いてコンクリートを打ち込む。

既製コンクリート杭のセメントミルク工法

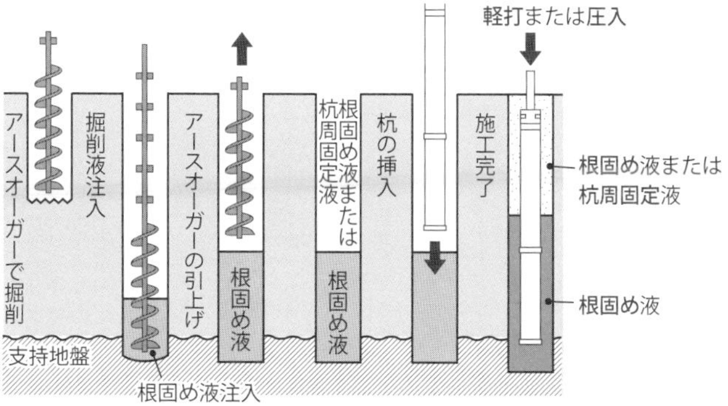

- セメントミルク工法は、あらかじめ掘削した孔に**根固め**液を注入し、その後杭を建て込む工法である。
- アースオーガーによる掘削は、粘着力の大きな地盤や硬い地盤ほど掘削速度を遅くする。
- 根固め液は、杭孔の先端位置から注入しはじめ、掘削液を押し上げるようにする。

注意 • 根固め液と掘削液は**撹拌**しない！

■場所打ちコンクリート杭工法

コンクリートのスランプ	18cm
杭頭の余盛りの高さ	500以上または800mm以上

ここに注意 鉄筋かごのスペーサー

- 「アースドリル工法における鉄筋かごのスペーサーは、D13以上の鉄筋を用いる。」とするひっかけ問題が頻出だ。**鉄筋**をスペーサーに用いるのは、ケーシングチューブを用いる**オールケーシング工法**の場合だ。気をつけよう！

Lesson 06 鉄筋のかぶり厚さとあき寸法

一次　二次

かぶり厚さの測定

あっしら　帯から
(柱)　(帯筋から)

はり？　あばらから金
(梁)　(あばら筋から)

柱のかぶり厚さは帯筋の外側表面から、梁のかぶり厚さはあばら筋の外側表面から測定する。

■鉄筋のかぶり厚さ

• かぶり厚さには、火災時に鉄筋の強度低下を防止する役割がある。

設計かぶり厚さ…最小かぶり厚さに施工精度に応じた割増しを加えたもの。

鉄筋の加工及び組立に用いるかぶり厚さ…最小かぶり厚さの値に10mmを加えた値とする。

D29以上の梁主筋のかぶり厚さ…主筋の呼び名に用いた数値の1.5倍以上とする。

■最小かぶり厚さ

柱	• 帯筋の外側表面から確保する。 注意 • 主筋の外側表面からではない！
梁	• あばら筋の外側表面から確保する。 注意 • 主筋の外側表面からではない！

腹筋を外付けするときの梁	• 幅止め筋の外側表面から確保する。
杭基礎におけるベース筋	• 杭頭（杭天端）から確保する。
外壁の目地部分	• 目地底から確保する。

■さまざまな条件下でのかぶり厚さ

<table>
<tr><td rowspan="7">土に接しない</td><td rowspan="2">スラブ・非耐力壁</td><td colspan="2">仕上げあり</td><td>20mm</td></tr>
<tr><td colspan="2">仕上げなし</td><td>30mm</td></tr>
<tr><td rowspan="4">柱・梁・耐力壁</td><td rowspan="2">屋内</td><td>仕上げあり</td><td>30mm</td></tr>
<tr><td>仕上げなし</td><td>30mm</td></tr>
<tr><td rowspan="2">屋外</td><td>仕上げあり</td><td>30mm</td></tr>
<tr><td>仕上げなし</td><td>40mm</td></tr>
<tr><td colspan="3">擁壁・耐圧スラブ</td><td>40mm</td></tr>
<tr><td rowspan="2">土に接する</td><td colspan="3">柱・梁・スラブ・壁</td><td>40mm</td></tr>
<tr><td colspan="3">基礎・擁壁・耐圧スラブ</td><td>60mm</td></tr>
</table>

• 土に接するスラブ・梁・基礎・擁壁の最小かぶり厚さには、捨てコンクリートの厚さを含めない。

■鉄筋相互のあき寸法

• 鉄筋相互のあきの最小寸法は、鉄筋の径と粗骨材の最大寸法によって決まる。

注意 • 鉄筋の強度によって決まるのではない！

• 鉄筋相互のあきの最小値は、呼び名の数値の1.5倍、粗骨材最大寸法の1.25倍、25mmのうち、最も大きい数値以上とする。

注意 • 鉄筋間隔ではない！

プラスα 鉄筋の折曲げ加工

• 鉄筋の折曲げ加工は、常温で行う。
• 鉄筋の折曲げ内法直径の最小値は、鉄筋の種類と径により異なり、径が小さいほど小さくなる。
• 鉄筋末端部フックの余《よ》長《ちょう》の最小寸法は、折曲げ角度が大きいほど短くなる。

Lesson 07

鉄筋の継手

一次
二次

圧接継手に関する長さとふくらみ

1対1の　**圧迫面接だが**
(1.1d 以上)　(圧接部の長さ)

いーように
(1.4d 以上)

ふくらむ期待
(圧接部のふくらみ直径)

圧接継手では、圧接部のふくらみの長さは 1.1d 以上、圧接部のふくらみ直径は 1.4d 以上とする。

■重ね継手

継手長さ

- 重ね継手の長さは、鉄筋の強度が**大きい**ほど長くなり、コンクリートの強度が**小さい**ほど長くなる。
- 鉄筋の径が**太い**ほど、重ね継手の長さは長くなる。
- 径の異なる鉄筋の重ね継手長さは、**細い**ほうの鉄筋の呼び名の数値によって算出する。
- フック付き重ね継手の長さには、フック部分の長さを**含めない**。

継手の位置

- 原則として、応力の**小さい**位置に設ける。
- 梁主筋を重ね継手とする場合、隣り合う継手の中心位置は、重ね継手長さの約 **0.5** 倍ずらすか、**1.5** 倍以上ずらす。
- 耐圧スラブ付きの基礎梁下端《したば》筋や大梁の上端《うわば》筋の継手位置は、スパンの**中央部**とする。

■定着の長さ

- 定着の長さは、鉄筋の強度が**大きい**ほど長くなり、コンクリートの強度が**小さい**ほど長くなる。
- 定着長さの算出に用いる鉄筋径は、異形鉄筋の場合は**呼び名**に用いた数値とする。
- フック付き定着とする場合の定着長さは、定着起点からフックの折り曲げ**開始**点までの距離とする。
- 小梁の主筋の定着長さは、上端筋のほうを下端筋より**長く**する。
- 柱頭及び柱脚のスパイラル筋の端部は、**1.5巻**以上の添巻きの定着をとる。

注意 • 40dの定着ではない！

ガス圧接継手

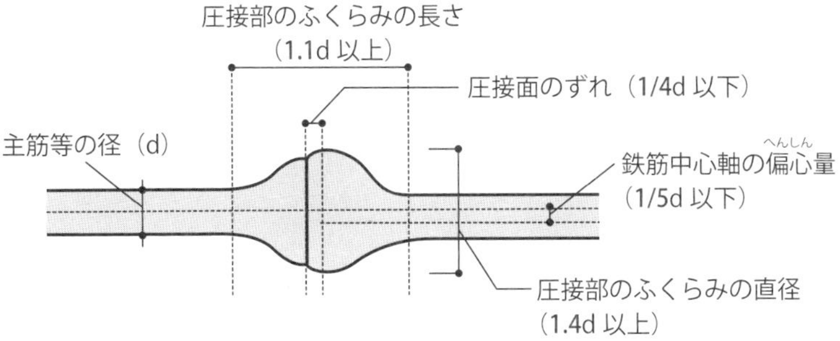

- 鉄筋の**種類**が異なる場合、**形状**が著しく異なる場合、呼び名の差が7mmを超える場合は、原則として圧接してはならない。
- 鉄筋の圧接端面は、軸線に対して**直角**になるように切断・加工する。
- 鉄筋の圧接端面から100mm程度の範囲にセメントペーストが付着しているときは、圧接端面を加工する前に除去する。
- 圧接端面のグラインダー掛けは、原則として圧接作業の当日に行う。
- 圧接端面間のすき間は、2mm以下とする。
- 隣接する鉄筋の圧接位置は、400mm以上ずらす。
- 手動ガス圧接の場合は、鉄筋径の**2倍**程度の範囲を揺動加熱する。

注意 • **鉄筋径**程度ではない！

Lesson 08

型枠工事

一次 二次

せき板の最小存置期間

暑い　暑い！
（平均気温が高い）

早く取って！
（存置期間が短い）

コンクリートの材齢によるせき板の最小存置期間は、存置期間中の平均気温が高いほうが短い。

型枠《かたわく》の締付け金物

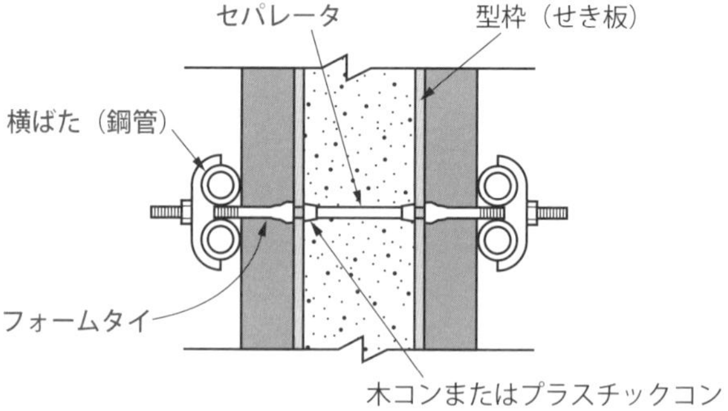

- 打放し仕上げとなる外壁コンクリートの型枠に使用するセパレータは、コーン付きのものを用いる。
- 型枠脱型後にコンクリート表面に残るセパレータのねじ部分は、ハンマーでたたいて折り取る。

- 独立柱の型枠の組立てには、セパレータやフォームタイが不要なコラムクランプを用いる。
- 外周梁の側型枠の上部は、コンクリートの側圧による変形防止のため、スラブ引き金物で固定する。

■型枠の加工・組立て

- 埋込み金物やボックス類は、コンクリートの打込み時に移動しないように、せき板に堅固に取り付ける。

梁の側型枠

- 梁の側型枠の寸法はスラブ下の梁せいよりも下とする。

　注意 • 梁せいとするのではない！

- フラットデッキ（床型枠用鋼製デッキプレート）を受ける梁の側型枠は、縦桟木で補強する。

柱型枠

- 内柱の型枠の加工長さは、階高からスラブ厚さを減じた寸法とする。

　注意 • スラブ用合板せき板の厚さは減じない！

- 柱型枠の足元は、型枠の変形防止やセメントペーストの漏出防止などのため、桟木で根巻きを行う。

壁型枠

- 階段が取り付く壁型枠は、敷き並べた型枠パネル上に現寸で墨出しをしてから加工する。
- 壁の窓開口部下部の型枠には、コンクリート充填状況確認用の開口を設ける。
- 横に長い壁開口部の下側の型枠には、コンクリートの吹出しを防ぐため、端部にふたをする。

床型枠

- 床型枠は、支柱、大引及び根太を配置した後にスラブ用合板せき板を敷き込む。

■せき板の存置期間

- 計画供用期間が標準の場合、基礎・梁側・柱・壁のせき板を取り外すことができるコンクリートの圧縮強度は、5N/mm^2 以上である。
- コンクリートの材齢による場合、基礎・梁側・柱・壁のせき板の最小存置期間は同じである。
- コンクリートの材齢によるせき板の最小存置期間は、セメントの種類によって異なる。

Lesson 09 コンクリートの調合

一次　二次

コンクリートに含まれる塩化物

演歌で
(塩化物)

オーソレミオ
(0.30kg/m^3)

コンクリートに含まれる塩化物は、原則として塩化物イオン量で0.30kg/m^{3}以下とする。

■コンクリートの調合

単位セメント量	• 水和熱及び乾燥収縮によるひび割れを防止する観点からは、できるだけ少なくする。 • 単位セメント量が少なすぎると、コンクリートのワーカビリティーが悪くなる。
単位水量	• 最大値を185kg/m^{3}とし、所定の品質が確保できる範囲内で、できるだけ少なくする。 • 単位水量が大きくなると、ブリーディングや打込み後の沈降が大きくなる。
細骨材率	• 細骨材率が大きすぎると、所定のスランプを得るための単位水量を多く必要とする。 注意 • 小さすぎると、ではない！ • 細骨材率が大きすぎると、流動性の悪いコンクリートとなる。 • 細骨材の粗粒率が大きい場合には、細骨材率を大きくする。 注意 • 小さくするのではない！

空気量	• 空気量が多くなると、圧縮強度の**低下**や乾燥収縮率の**増加**をもたらす。

■骨材

• 川砂利と砕石は、それぞれが所定の品質を満足していれば、**混合**して使用してもよい。

• 骨材は、**球形**に近いもののほうが扁平なものよりもワーカビリティーがよい。

■ AE 減水剤

• AE 減水剤を用いると、所定のスランプを得るのに必要な**単位水量**を減らすことができる。

• **高強度**コンクリートには、高性能 AE 減水剤を使用するのが有効である。

■水セメント比の最大値

• 早強、中庸熱ポルトランドセメント • 混合セメント A 種	65%
• 低熱ポルトランドセメント • 混合セメント B 種	60%

■コンクリートに含まれる塩化物 頻出

• コンクリートに含まれる塩化物は、原則として塩化物イオン量で **0.30** kg/m^3 以下とする。

■暑中コンクリート工事・寒中コンクリート工事

暑中コンクリート工事	• 骨材への散水による冷却効果は、粗骨材より細骨材のほうが**小さい**。
寒中コンクリート工事	• 加熱した材料を練り混ぜる場合、セメント投入直前のミキサー内の骨材及び水の温度は **40**℃以下とする。

プラスα　調合管理強度

調合管理強度＝品質基準強度＋構造体強度補正値

Lesson 10 コンクリート工事

一次
二次

練混ぜ開始から打込み終了までの時間

時短バイト

25 歳までは　2 時間 OK
(25℃以下)　(120 分以内)
25 歳超えたら 90 分までよ
(25℃超)　(90 分以内)

コンクリートの練混《ねりま》ぜ開始から打込み終了までの時間は、外気温が 25℃以下の場合は 120 分、25℃を超える場合は 90 分を限度とする。

■練混ぜ開始から打込み終了までの時間の限度

外気温 25℃超…90 分
外気温 25℃以下…120 分

■コンクリートの打込み

- コンクリートの自由落下高さは、コンクリートが分離しない範囲とする。
- 柱へのコンクリートの打込みは、縦形シュートを挿入《そうにゅう》して行う。
- スランプ 18cm のコンクリートを打ち込む場合の打込み速度は、20 ～ 30 m^3/h を目安とする。
- 柱、梁、壁の打込みは、梁下で一度止めて、コンクリートが沈降《ちんこう》してから打ち込む。
- スラブの付いたせいの高い梁の打込みは、先に梁だけ打ち込み、一緒には打ち込まない。
- 床スラブに打ち込んだコンクリートは、凝結《ぎょうけつ》が終了する前にタンピングを行う。

注意 • 凝結が終了した後ではない！

■コンクリートの打継ぎ

- 梁やスラブの鉛直《えんちょく》打《うち》継《つ》ぎ部は、スパンの中央、または端から 1/4 付近に設ける。
- 柱や壁の水平打継ぎ部は、床スラブ・梁の下端、または床スラブ・梁・基礎梁の上端に設ける。
- コンクリートの打継ぎ面は、ぜい弱なコンクリートを取り除き、健全なコンクリートを露出させる。
- 片持床スラブは、打継ぎを設けずに、取り付く構造体と一緒に打ち込む。

■コンクリート内部振動機（棒形振動機）

挿入間隔…60cm 以下
加振時間…1 箇所当たり 15 秒程度（ペーストが浮くまで）

■コンクリートの側圧

大きくなる条件	• 打込み速度が速い。 • 単位容積質量が大きい。	• 温度が低い。 • せき板材質の透水性が小さい。

■コンクリートの養生

- 初期の湿潤養生の期間が短いほど、コンクリートの中性化が早く進行する。
- コンクリート打込み後の養生温度が高いほど、長期材齢における強度増進が小さくなる。

  注意 • 強度増進が大きくなるのではない！
- 暑中コンクリート工事におけるコンクリートの湿潤養生期間は、通常の気温で打ち込む場合と同じでよい。
- 寒中コンクリート工事において、加熱養生を行う場合は、コンクリートに散水するなどして保湿に努める。
- コンクリート部材の中心部と外気温の温度差が 25℃以上になるおそれのある場合は、温度ひび割れが生じないように処置する。

■湿潤養生を打ち切ることのできる圧縮強度（コンクリート部分の厚さが 18cm 以上の部材において、早強・普通・中庸熱ポルトランドセメントを用いる場合）

計画供用期間	圧縮強度
短期・標準	10 N/mm^2 以上
長期・超長期	15 N/mm^2 以上

Lesson 11 型枠支保工

一次

軽量型支保梁

軽い塩パン
（軽量型支保梁）
シチューはなしで
（支柱は必要ない）

軽量型支保梁は、両端部の支持のみにより荷重を受け、中間部の支柱を必要としないため、スラブ下に広い空間を確保できる。

■型枠支保工の用語

用　語	説　明
キャンバー	• 自重や荷重によるたわみを見込んでつけるむくり。 ※むくり…たわみと逆方向に反らせた部分。
クランプ	• 鋼管足場等の組立てに用いる結合金物。
パイプサポート	• 梁やスラブを下から支える部材。
根太	• 床板を指示する下地材。大引の上に直角方向に架け渡す。
大引	• 根太を支える部材。
水平つなぎ	• 支保工相互を水平につなぐ補強材。
せき板	• コンクリートを流し込む型板。

型枠の構成例

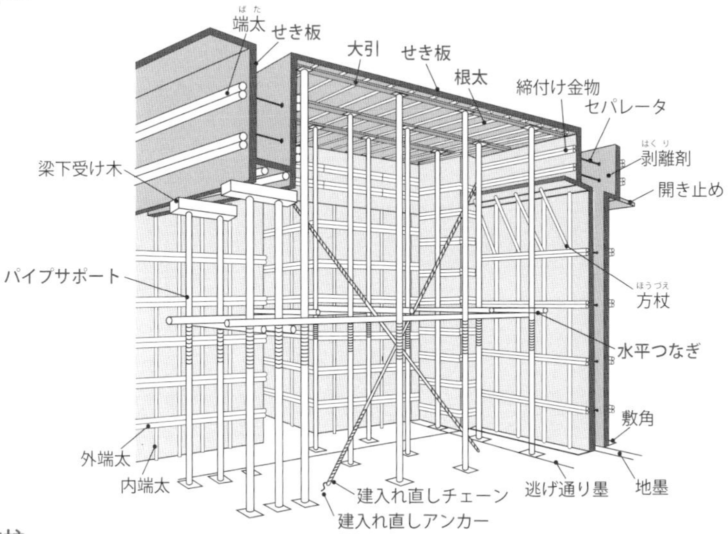

支柱

- 地盤上に直接支柱を立てる場合は、支柱の下に剛性のある**敷板**を敷く。
- 上下階の支柱は、できるだけ平面上の**同一位置**になるように配置する。
- 支柱を継ぐときの本数は、**2 本**までとする。
- 支柱の継手は、**差込み継手**とする。
- 鋼管枠を支柱として用いる場合は、荷重は枠組の**脚柱部**で直接受け、横架材で受けないようにする。
- 階段の斜めスラブ部分の支柱は、脚部に**キャンバー**を用い、斜めスラブに対して**直角**に建て込む。
- 高さが **3.5m** を超える支柱に設ける水平つなぎは、高さ **2m** 以内ごとに直角 2 方向に設ける。

パイプサポート

- パイプサポートの頭部及び脚部は、大引及び敷板に**釘**で固定する。
- パイプサポートに水平つなぎを設ける場合は、**根がらみクランプ**を用いて緊結する。

注意 • 番線を用いるのではない！

プラスα 軽量型支保梁

- 軽量型支保梁は、両端部の支持のみにより荷重を受け、中間部の支柱を**必要としない**。

注意 • 支保梁**中央**部に支柱やパイプサポートを設けるとする選択肢は誤りだ！

Lesson 12

鉄骨の溶接・接合

一次 二次

ボルトの締付け

継ぎあての
（継手）
中央から周辺へ
（中央から周辺部へ）
しみがつく
（締め付ける）

ボルトの締付けは、ボルト群ごとに継手の中央より周辺部に向かう順序で行う。

■鉄骨の溶接

気温と処置

作業場所の気温	処　置
－5℃未満	• 溶接を行わない。
－5℃～5℃	• 溶接線から100 mm程度の範囲を適切な方法で加熱して溶接する。

■風の影響

溶接方法	作業可能な風速の限度
被覆アーク溶接	10 m/s まで
ガスシールドアーク半自動溶接	2 m/s まで

■補修溶接

過大な余盛り	• グラインダーなどで適正な高さに削り取る。
溶接部の表面割れ	• 割れの範囲を確認したうえで、その両端から50mm 以上をはつりとって再溶接する。

高力ボルト摩擦接合

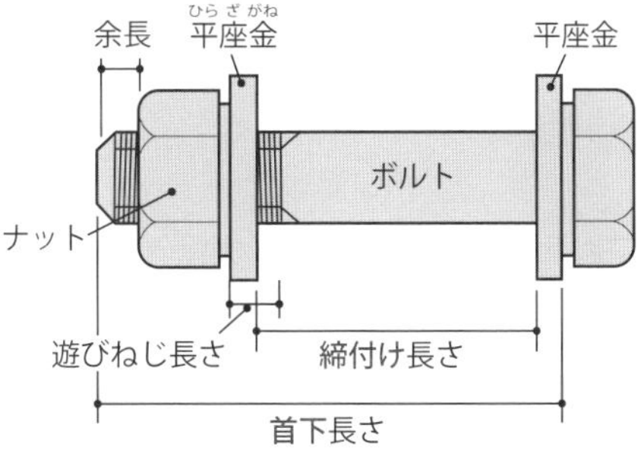

- ボルトの締付けは、ボルト群ごとに継手の中央より周辺部に向かう順序で行う。

注意 • 周辺部から中央に向かうのではない！

- ナット回転法による本締めにおいて、ナットの回転量が不足しているボルトは、所定の回転量まで追締めする。
- ナットとボルトが共回りを生じた場合は、新しいボルトセットに取り替える。
- ナット側の座金は、座金の内側面取り部がナットに接する側に取り付ける。

■摩擦面の処理

- ミルスケールの除去は、スプライスプレート全面の範囲とする。
- 自然発錆《はっせい》による場合、摩擦面の錆《さび》の発生状態は、鋼材の表面が一様に赤く見える程度とする。
- 摩擦面をブラスト処理する場合は、ショットブラストまたはグリットブラストによる。

注意 • サンドブラストではない！

■フィラープレート

- 肌すきが 1mm を超える場合は、フィラープレートを用いて補う。
- フィラープレートの材質は、母材の材質にかかわらず 400N/mm^2 級鋼材とする。

プラスα スタッド溶接

- スタッド溶接は、原則としてアークスタッド溶接の直接溶接により、下向き姿勢で行う。

Lesson 13 鉄骨の加工等

一次

鉄骨の曲げ加工

鉄棒を

真っ赤になって曲げてるやつ
(赤熱状態)

青息吐いて　ゼイゼイいったら
(青熱ぜい性域)

ダメだよ！

加熱による曲げ加工は、通常、赤熱状態(850～900℃)で行い、青熱ぜい性域(200～400℃)で行ってはならない。

■錆止め塗装

- 素地調整を行った鉄鋼面は、速やかに錆止め塗装を行う。
  - 注意 • 素地が落ち着くまで待つのではない！

■錆止め塗装を行わない部分

- コンクリートに密着する部分及び埋め込まれる部分。
  - 注意 • コンクリートに埋め込まれるものでも、鋼製貫通スリーブの内面は錆止め塗装を行う！
- 高力ボルト摩擦接合部の摩擦面。
- 現場溶接を行う部分の両側 100mm 程度の範囲及び超音波探傷試験に支障を及ぼす範囲。
- 密閉される閉鎖形断面の内面。
- 組立てによって肌合せとなる部分。

■けがき

- けがき寸法は、製作中に生じる**収縮・変形及び仕上げしろ**を考慮した値とする。
- 曲げ加工される部分の**外面**のけがきは、ポンチ、たがねを用いてはならない。

■主な切断法

切断法	特　徴
機械切断法	• せん断による切断は、切断面のひずみやまくれ、板の変形等の問題があるため、適用範囲は厚さ 13mm 以下の鋼板に限る。
ガス切断法	• 鋼材の切断は、原則として自動ガス切断とする。やむを得ず手動ガス切断とする場合は、グラインダー等で整形する。
プラズマ切断法	• 適用可能板厚は 0.5 ～ 50 mm 程度。
レーザー切断法	• 適用可能板厚は 0.1 ～ 25 mm 程度。

■曲げ加工 頻出

- 通常、**赤熱状態**（850 ～ 900℃）で行う。
- **青熱ぜい性域**（200 ～ 400℃）での曲げ加工は絶対に避ける。

■孔あけ加工

- 高力ボルト用の孔あけ加工は、**ドリルあけ**とする。
- 普通ボルト孔、アンカーボルト孔、鉄筋貫通孔は、**ドリルあけ**を原則とし、板厚 13mm 以下の場合は、**せん断孔あけ**とすることができる。
- 設備配管用貫通孔、付属金物などの孔で、孔径 30mm 以上の場合は、ガス孔あけとしてもよい。

■ひずみの矯正

- 常温加圧もしくは局部加熱して行う。
- 常温加圧で行う場合は、プレスあるいはローラー等を使用する。

プラスα　ボルトの孔径

- 普通ボルトの孔径は、ボルトの呼び径に 0.5mm を加えた値とする。
- 高力ボルトと溶融亜鉛めっき高力ボルトの孔径は、呼び径に 2mm を加えた値とする。

Lesson 14 鉄骨の建方

一次
二次

揚重・玉掛け

楊枝《ようじ》くわえて介錯《かいしゃく》
（揚重）　（かいしゃくロープ）

「助けて」は禁句
（玉掛け）　（キンク）

長い部材の揚重《ようじゅう》の際には、かいしゃくロープを取り付ける。玉掛《たまが》け用ワイヤロープで、キンクしたものは用いない。

仮ボルトの締付け

- 仮ボルトの本数は、強風や地震などの想定される外力に対して、接合部の安全性の検討を行って決定する。
- 接合部のボルト孔が合わない場合、ドリフトピン等を用いてボルト孔を一致させる。
- 油が付着している仮ボルトは、油を除去して使用する。
- 溶接継手におけるエレクションピースに使用する仮ボルトには、高力ボルトを使用して全数締め付ける。

注意
- 普通ボルトではない！

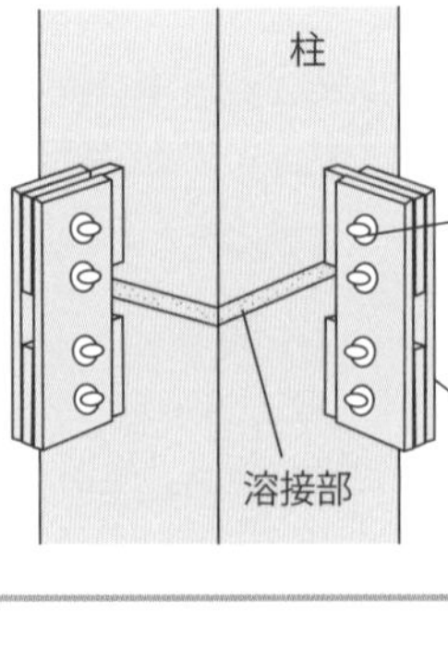

■建《たて》入《い》れ直し

- 建入れ直し用のワイヤロープの取付け用ピースは、あらかじめ鉄骨本体に取り付ける。
- ターンバックル付き筋かいを有する鉄骨構造物の建入れ直しに、その筋かいを使用してはならない。
- 架構の倒壊防止用ワイヤロープは、建入れ直し用に兼用してもよい。
- 建入れ直しを行ったものは、高力ボルト接合の場合、速やかに本締めを行う。

■建方《たてかた》精度の測定

- 建方精度の測定は、温度の影響をできるだけ避けるため、早朝の一定時間に実施する。
- 鉄骨建方が長期間にわたる場合、気候が変わるため、建入れ直しに用いる測定器の温度補正を行う。

■揚重

- 長い部材の揚重の際には、揚重中に回転するのを止めるため、吊《つり》荷《に》の端部にかいしゃくロープを取り付ける。
- 玉掛け用ワイヤロープでキンクしたものは、使用してはならない。
  ※キンク…局部的によりが詰まったり、戻ったりした状態。

■アンカーボルトの施工

- ベースプレートのアンカーボルト孔の径は、アンカーボルトの呼び径に5mmを加えた値以下とする。
- 柱脚のアンカーボルトのナットは、コンクリートに埋め込まれる場合を除き、２重ナットとする。
- ナットの締付けは、建入れ直し完了後、アンカーボルトの張力が均等になるように行う。
- 構造用アンカーボルトの位置ずれを、台直しによって修正してはならない。
  ※台直し…位置がずれた鉄筋の周囲のコンクリートをはつり取り、鉄筋を折り曲げて調整すること。

Lesson 15 在来軸組構法の木工事

一次　二次

和式小屋組・洋式小屋組

子ヤギは　**和式で**
（小屋梁）　（和式小屋組）
トラは　**洋式で**
（トラス構造）　（洋式小屋組）

和式小屋組は、小屋梁に小屋束を立てて屋根荷重を支え、洋式小屋組は、部材を三角形に組み立てたトラス構造である。

継手の種類

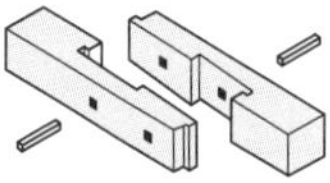
追掛け大栓継ぎ

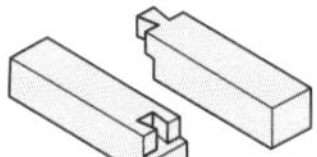
腰掛けあり継ぎ

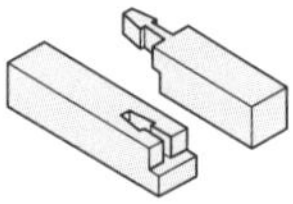
腰掛けかま継ぎ

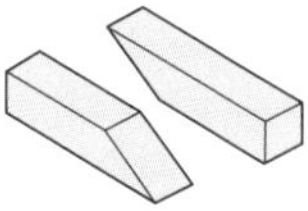
そぎ継ぎ
（スカーフ継ぎ）

- 土台の継手は、腰掛けかま継ぎとし、上木となるほうをアンカーボルトで締め付ける。
- 大引の継手は、床束心から150mm程度持ち出して腰掛けあり継ぎとし、釘2本打ちする。
- 垂木の継手は、母屋の上でそぎ継ぎとし、釘打ちする。
- 軒桁の継手は、柱心から持ち出して、追掛け大栓継ぎとする。
- せいが異なる胴差の継手は、受材心より150mm程度持ち出し、腰掛けかま継ぎとし、短ざく金物当てボルト締め、またはひら金物両面当て釘打ちとする。

■建方 頻出

- 建入れ直し完了後、接合金物を締め付けるとともに、本筋かい、火打梁を固定する。
- 建方完了後、直ちに**屋根工事**を行い、屋根材等の荷重による軸組の変形が落ち着いてから、内装工事を行う。

■土台

- 土台の据付けは、**遣方**の心墨や逃げ墨を基準とする。
- 筋かいにより引張力が生じる柱の脚部近くの土台には、柱心より 200mm 程度の位置にアンカーボルトを設置する。

■軸組

柱	• 柱に使用する心持ち材には、干割れ防止のため、見え隠れ部分へ**背割り**を入れる。 • 隅通し柱の土台への仕口は、土台へ**扇ほぞ差し**とし、ホールダウン金物当てボルト締めとする。
梁	• 火打梁は、柱と梁との**水平構面**の入隅《いりずみ》部に斜めに入れる。 注意 • 垂直構面ではない！

■洋式小屋組における真束と棟木の取合い

- 棟木が真束より小さい場合は、**輪なぎほぞ差し**とする。
- 棟木の寸法が真束と同寸法以上の場合は、**長ほぞ差し、割くさび締め**とする。

接合金物

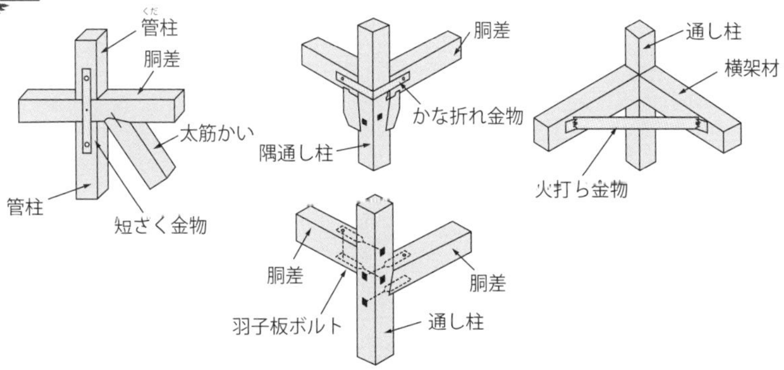

Lesson 16

解体工事

一次
二次

木造建築物の解体作業

解体ショーの会場は

ケチな設備や
（建築設備）

ないそう　やね
（内装材）　（屋根葺材）

木造建築物の解体作業は、建築設備の撤去→内装材の撤去→屋根葺材の撤去の順に行う。

■木造建築物の解体工事

手順

- 解体作業に先立ち、各種設備機器の停止及び給水・ガス・電力・通信の供給が停止していることを確認する。
- 解体作業は、先に建築設備を取り外し、次に内装材の取外しを手作業で行う。
- 屋根葺材は、内装材を撤去した後、手作業で取り外す。

内装材の撤去

- 内装材の撤去は手作業で行う。
- 壁及び天井のクロスは、せっこうボードを撤去する前にはがす。
- グラスウールは、細断せずに、可能な限り原形のまま取り外す。

外装材・上部構造の解体

- 下地が木質であるモルタル系の外壁の解体には、バール、ハンマーを用いる。

■木造建築物の解体作業の順序

①建築設備の撤去 ➡ ②内装材の撤去 ➡ ③内・外部建具の撤去 ➡ ④ベランダ等の撤去 ➡ ⑤屋根葺材の撤去 ➡ ⑥外装材・上部構造部分の解体 ➡ ⑦基礎等の解体

■鉄筋コンクリート造建築物の解体工事

手作業工法	• ハンマーやハンドブレーカを使用して解体する。
機械作業工法	• 大型ブレーカや圧砕機等を使用して解体する。 • 地上部の解体は圧砕機中心とし、基礎部等の大断面部材はブレーカを併用する。

- **地上作業による解体**…地上から解体重機で行い、上階から下階へ、床→梁→壁→柱の順に解体していく。
- **階上作業による解体**…屋上に揚重した解体重機で最上階から解体し、解体で発生したコンクリート塊を利用してスロープをつくって、解体重機を下階に移動させながら行う。

作業の要領

- 最初に作業開始面の**外壁**を解体し、オペレーターが建物の各部材に対応できる視界を確保する。
- 各階の解体は、**中央部分を先行**して解体し、外周部を最後に解体する。

注意 • 外周部を先行して解体するのではない！

- コンクリート片の飛散防止や騒音防止のため、**防音パネル**を取り付ける。
- 解体時に発生する粉じんの飛散を防止するため、**充分な散水**をする。

プラスα 外壁の転倒解体工法

- 1回の転倒解体部分は、柱2本を含み、幅は1～2スパン程度とし、高さは1層分以下とする。

Lesson 17

ALC パネル工事・耐震改修工事

一次

割裂補強筋

カツレツを
(割裂補強筋)
らせん階段か　はしごを
(スパイラル筋)　(はしご筋)
登って取り合う競走

既存コンクリート部分と増設壁が取り合う部分に設ける割裂《かつれつ》補強筋は、スパイラル筋、またははしご筋とする。

■屋根及び床の ALC パネル工事

- パネルは、表裏を確認し、長辺は突合せとし、短辺は 20mm 程度の目地を設けて敷き込む。
- 屋根面全体の水勾配は、パネルを支持する受梁《うけばり》でとり、ドレン回りなど部分的な水勾配は、モルタルでとる。
- 屋根パネルは、パネルの長辺方向が水勾配に対して直角となるように敷き込む。
- 屋根パネルの両端の支持部材へのかかりしろは、支点間距離の 1/75 以上かつ 40mm 以上とする。
- 集中荷重が作用する部分は、その直下にパネル受梁を設けてパネルを梁上で分割し、3 点支持とならないようにする。
- 目地用鉄筋は取付け金物の穴に通し、パネルの長辺溝部に金物から 500mm 以上挿入する。
- パネルを設備配管等が貫通する場合は、パネルの主筋を避けて直径 50mm 以下の孔を 1 箇所あける。

鉄筋コンクリート造の耐震壁の増設

既存部分の処理

- 増設壁との打継ぎ面となる既存コンクリートの表面に**目《め》荒《あら》し**処理を行う。

あと施工アンカーの施工

- アンカーを打ち込む既存梁の端面からのへりあき寸法は、アンカー径の **2.5 倍以上**とする。
- 穿孔《せんこう》は、コンクリート面に対して**直角**となるように施工する。
- 接着系アンカーのカプセル型に用いるアンカー筋は、**異形棒鋼**を使用する。

注意　• **丸鋼ではない！**

- シヤーコネクターを縦横《たてよこ》 30 ～ 50cm 程度の間隔で、あと施工アンカーによって接続させる。
- 接着系アンカーのカプセル型に用いるアンカー筋は、埋め込まれる先端が斜め 45° に切断加工されたものを使用する。

コンクリートの打込み

- **流込み工法**… 増設壁コンクリート上端と既存梁下とのすき間は 200mm 程度とし、グラウト材を注入する。
- **圧入工法**…… オーバーフロー管の流出先の高さは、必ずコンクリートの圧入高さより高くし、壁の場合は、既存梁の下端より 5 ～ 10cm 程度高くする。

コンクリート圧入工法の例

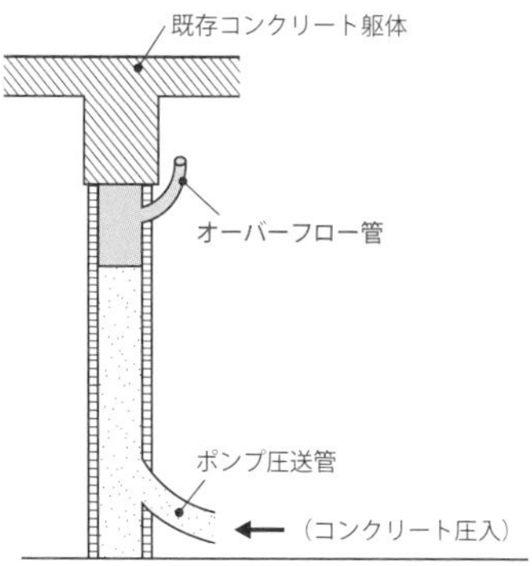

既存構造体との取合い

- 既存コンクリート梁と増設壁との間に **200mm** 程度のすき間をあけ、グラウトを注入する。
- 注入するグラウト材は、練上《ねりあが》り時の温度が **10 ～ 35℃**の範囲となるようにする。
- グラウト材の注入は、**中断せず**、一気に行う。
- 既存コンクリート部分と増設壁が取り合う部分に設ける割裂補強筋は、スパイラル筋、または**はしご筋**とする。

Lesson 18

建設機械

一次

ローディングショベル・クラムシェル

上を掘っても
（高い位置の掘削）
どうでしょう
（ローディングショベル）
貝は　　砂の中だから
（クラムシェル）（下方の深い位置）

ローディングショベルは、機械の位置より高い位置の掘削に用いられ、クラムシェルは低い位置の掘削に用いられる。

■建設機械の種類と主な作業

名　称	作　業
ローディングショベル	• 機械の位置より高い位置の掘削。 注意 • 機械の位置より下方ではない！
クラムシェル	• 機体より下方の比較的深い位置の掘削。
ドリリングバケット	• アースドリル工法における掘削。
ハンマーグラブ	• オールケーシング工法における掘削。
ブルドーザ	• 土砂の短距離の運搬作業、整地。
フォークリフト	• 重量物の積卸し及び運搬。
トラックアジテータ	• レディーミクストコンクリートの運搬。
振動ローラ	• 振動数などを変えることにより、材料の性状に応じた締固めが可能。

バックホウとタイヤローラ

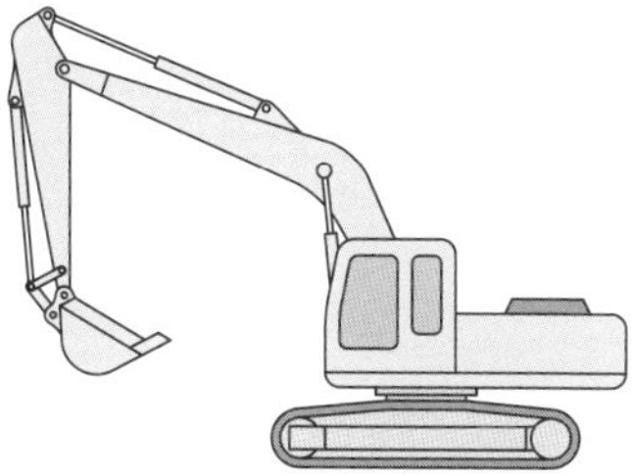

バックホウ

- 足元の掘削は、法肩崩壊時の危険回避のため、クローラ縦向き掘削で行う。

注意 • 横向きではない！

- ダンプトラックに土砂を積み込む場合は、ダンプトラックの運転席の上を旋回せず、荷台の後方から旋回する。

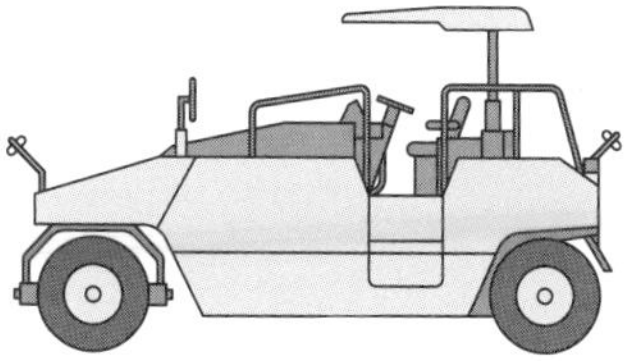

タイヤローラ

- 鉄などを用いたバラストの付加重量やタイヤの空気圧を変えることにより、接地圧を調節できる。
- 含水比の高い粘性土の締固めには不向きである。

■クレーンの種類

名　称	概　要
門型クレーン	• レール上を走行する脚付きの桁にトロリーを付けたもの。 • 材料ストックヤードや鉄筋の加工場等における材料等の積卸しや水平移動に用いられる。
天井クレーン	• 屋内上部に設けたレール上をクレーンガーダーが走行し、仮設屋根を設けたもの。 • 全天候工法の工事における材料等の積卸しや水平移動に用いられる。
固定型ジブクレーン	• 巻上げ装置、起伏装置などを備えたジブ旋回体を屋上などに設置したもの。 • 材料等の揚重に用いられる。
水平ジブ式タワークレーン	• 水平ジブに取り付けたトロリーで吊荷を水平移動することができ、材料等の揚重に用いられる。 • 市街地の狭い場所での作業には不向きである。

Lesson 01 屋上アスファルト防水工事

一次　二次

ストレッチルーフィングの増張り

スラブ人と
（スラブ）

ペットの取り合い
（パラペット）（取合い入隅部）

キャンと鳴いたら
（成形キャント材取付け後）

マジ　バリかわいい
（増張り）

露出防水絶縁工法における、スラブとパラペットとの取合《とりあ》い入隅《いりすみ》部の増張りは、成形キャント材の取付け後に行う。

■ストレッチルーフィングの増張り

- 保護防水密着工法においては、プレキャストコンクリート床材の継手目地部は、双方の床材に100mmずつ張り掛ける絶縁増張りとする。
- 露出防水絶縁工法においては、スラブとパラペットとの取合い入隅部の増張りは、成形キャント材の取付け後に行う。

注意 • 取付け前ではない！

- 出隅《ですみ》及び入隅の増張りのストレッチルーフィング相互の重ね幅は、30mm程度とする。
- ルーフドレン回りの増張りは、幅300mm以上とし、ドレンのつばに100mm程度張り掛ける。

平場《ひらば》の張付け

出隅部増張り

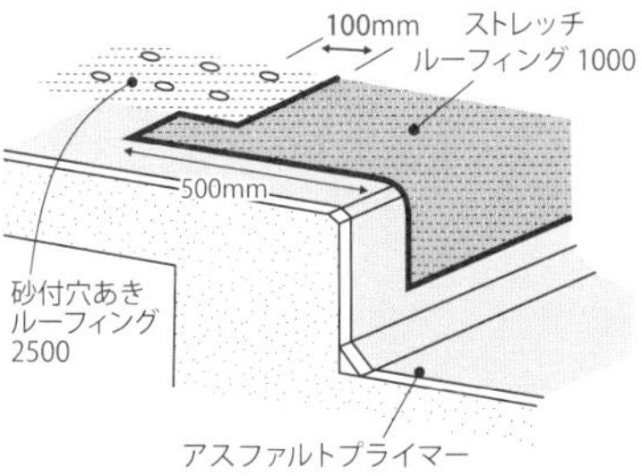

入隅部増張り

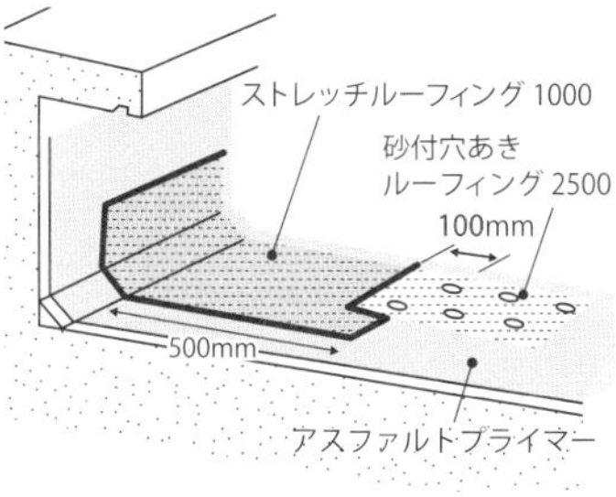

- 平場のアスファルトルーフィングの重ね幅は、長手及び幅方向とも100mm 以上とする。
- 継目の位置が上下層で同一箇所にならないようにして、水下側から張り付ける。
- 平場のルーフィングと立上りのルーフィングとの重ね幅は、150mm以上とする。
- 平場部のルーフィング類の流張りでは、ルーフィングの両端から溶融アスファルトがあふれ出るように押し付ける。

注意 • はみ出さないようにするのではない！

■保護コンクリート

- 保護コンクリートに入れる溶接金網は、保護コンクリートの厚さのほぼ中央に設置する。
- 溶接金網の重ねは、1 節半以上、かつ、150mm 以上とする。
- 保護コンクリートに設ける伸縮調整目地は、中間部の縦横間隔を3m 程度とする。
- 保護コンクリートの伸縮調整目地の深さは、保護コンクリートの厚さの全部とする。

注意 • 半分ではない！

- 保護コンクリートの動きによる立上り防水層の損傷を防止するため、成形緩《かん》衝《しょう》材を立上り入隅部に取り付ける。

プラスα 脱気装置

- 露出防水絶縁工法における防水層のふくれを低減するためには、脱気装置を設ける。

Lesson 02 合成高分子系ルーフィングシート防水

一次

プライマー

美肌の秘訣は

プライマー
（プライマー）
ある種　パネー
（ALC パネル）

下地が ALC パネルの場合も、接着剤を塗布する前にプライマーを塗る。

■加《か》硫《りゅう》ゴム系シート防水接着工法

施工要領

- プライマーを塗布する範囲は、その日にシートを張り付ける範囲とする。
- 下地への接着剤の塗布は、プライマーの乾燥後に行う。
- シートは、接着剤を塗布後オープンタイムを置いて張り付ける。

注意 • オープンタイムを置かずにではない！

- 下地とシートの接着には、エポキシ樹脂系接着剤は用いない。
- 下地が ALC パネルの場合、パネルの短辺接合部の目地部には絶縁用テープを張り付ける。
- ルーフドレンと取り合う部分のシートに切込みを入れる場合は、補強のため増張りする。

接合・重ね幅

- ルーフィングシート相互の接合部は、接着剤とテープ状シール材を併用して接合する。
- 平場でのシートの重ね幅は、幅方向、長手方向とも 100mm 以上とする。
- シートの 3 枚重ね部は、内部の段差部に不定形シール材を充填する。

注意 • 熱風融着により、すき間をなくすのではない！

- 平場と立上り部とのシートの接合部は、重ね幅を 150mm 以上とする。

■塩化ビニル樹脂系シート防水接着工法

- ALC パネル下地であっても、プライマーを塗布する。

頻出 • エポキシ樹脂系接着剤を用いて張り付ける場合、接着剤は、下地面のみに塗布する。

- 下地が ALC パネルの場合、パネル短辺の接合部の目地部に、絶縁用テープを張り付ける。
- ルーフィングシートの接合部は、重ね面を溶剤溶着とし、端部は液状シール材を用いて処理する。
- ルーフィングシートの重ね幅は、幅方向、長手方向とも 40mm 以上とする。
- ルーフィングシートが 3 枚重ねとなる部分は、熱風融着して重ね部のすき間をなくす。
- 防水層の立上り末端部は、押え金物で固定し、不定形シール材を用いて処理する。
- 断熱工法においては、ルーフドレン回りの断熱材の張付けは、ドレンのつばから 300mm 程度手前で止め、端部は 45° 程度の勾配とする。

■ルーフィングシートの接合幅

種　別	長手方向	幅方向	立上り部※1	接合方法
加硫ゴム系	100mm 以上	100mm 以上	150mm 以上	接着剤による接合 （テープ状シール材併用）※2
塩化ビニル樹脂系	40mm 以上	40mm 以上	40mm 以上	溶剤接着または熱風融着 （液状シール材併用）

※ 1　ルーフィングシートの平場と立上り部の取合い部
※ 2　ルーフィングシートの平場と立上り部の取合い部にはテープ状シール材は使用しない。

Lesson 03 塗膜防水工事・シーリング工事

一次
二次

ワーキングジョイント

働く
(ワーキングジョイント)
ボンドを
(ボンドブレーカー)
2面で
バックアップ
(バックアップ)

ワーキングジョイントは、バックアップ材やボンドブレーカーで2面接着とする。

■ウレタンゴム系塗膜防水

- 防水層の施工は、立上り部、平場部の順に施工する。
- 下地コンクリートの入隅は直角に、出隅は45°の面取りに仕上げる。
- プライマーの塗布において、下地の吸込みが激しい場合は、増塗りを行う。
- 立上り部等は、幅100mm以上の補強布を用いて補強塗りを行う。
- 防水材の塗継ぎの重ね幅は、100mm以上とし、補強布の重ね幅は、50mm以上とする。

通気緩衝シート

- 通気緩衝シートの継目は、すき間や重なり部をつくらないようにシート相互を突付けとし、ジョイントテープを張り付ける。
- 穴あきタイプの通気緩衝シートは、下地に張り付けた後、防水材でシートの穴を充填する。

■シーリング工事

補助材料

プライマー	• シーリング材と被着面の接着性を良好にするために塗布する。
バックアップ材	• 目地深さが所定の寸法より深い場合に装着して、深さを調整する。 • 裏面に接着剤のついているものは目地幅より 1mm 程度小さいもの、接着剤のついていないものは目地幅より 2mm 程度大きいものとする。
ボンドブレーカー	• 目地深さが所定の寸法の場合に、目地底にシーリング材を接着させないために用いる。

施工要領

- プライマーの塗布後、乾燥したら速やかにシーリング材を充填する。
- 目地への打始めは、目地の交差部あるいはコーナー部より開始する。
- シーリング材の打継ぎは、目地の交差部及びコーナー部を避け、そぎ継ぎとする。
- やむを得ず異種シーリング材を打ち継ぐ場合は、先打ちシーリング材が硬化してから、後打ちシーリング材を施工する。

  注意 • 硬化しないうちにではない！
- 充填箇所以外の部分に付着したシリコーン系シーリング材は、シーリング材が硬化してから除去する。

  注意 • 硬化しないうちにではない！
- 目地まわりに張ったマスキングテープは、シーリング材のへら仕上げ終了後、直ちに除去する。
- シーリング材の硬化状態は指触で、接着状態はへらで押さえて確認する。

■シーリングの働き

名　称	特　色		絶縁体	用　途
ワーキングジョイント	2面接着 ムーブメント大	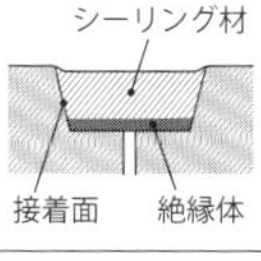	バックアップ材 ボンドブレーカー （テープ状）	金属パネル目地 ALC パネル目地 PCa パネル目地
ノンワーキングジョイント	3面接着 ムーブメント小	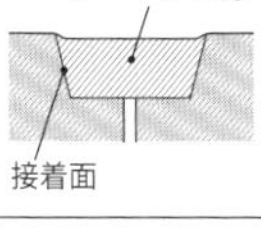	—	コンクリート打継ぎ目地 コンクリート亀裂誘発目地

Lesson 04

石工事

一次
二次

石材の形状と面積

内にも
(内壁)
外にも
(外壁)
四角に　令和
(矩形)　(0.8 m²)

内壁と外壁に用いる石材の形状と寸法は特記によるが、特記がなければ、いずれも形状は矩形（四角形）、1枚の面積は 0.8 m² 以下とする。

■内壁空積工法による張り石工事

- だぼの取付け穴は、工場で加工する。
- 引き金物用の道切りは、工事現場において、石の据付け前に加工する。
- 石材の大きさは､有効厚さを 20 mm 以上､石材 1 枚の面積を 0.8 m² 以下とする。
- 一般部の石材は、横目地あいばに、だぼ及び引き金物を用いて据え付ける。

注意 • 縦目地あいばではない！

- 引き金物と下地の緊結部分は、取付け用モルタルを充填し被覆する。

■外壁の張り石工事

湿式工法と比較した乾式工法の特徴

- 白華現象、凍結による被害を受けにくい。
- 石材の熱変形による影響を受けにくい。
- 地震時の躯体の挙動に追従しやすい。

乾式工法

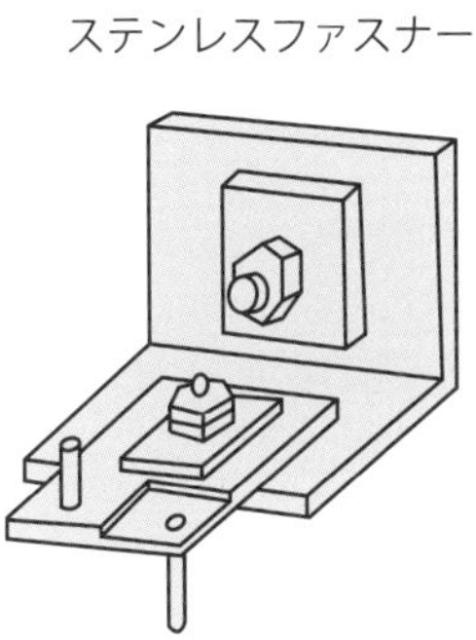

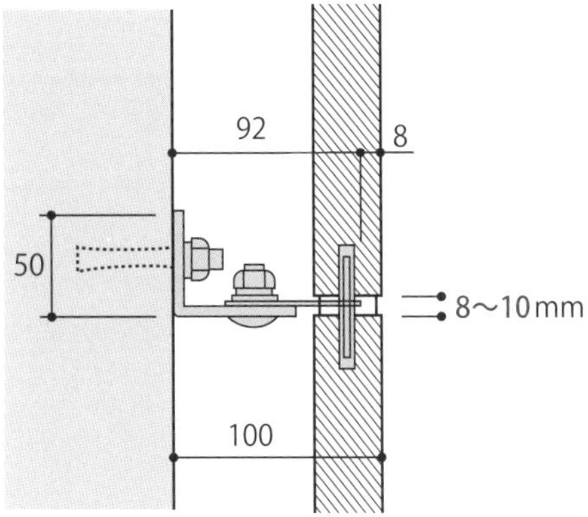

- 幅木（最下部の石材）は、下端を取付け用モルタルで固定し、上端は引き金物で下地に緊結したのち、引き金物回りを取付け用モルタルで被覆する。
- 一次ファスナーと下地との間に取付け用モルタルを充填する。
- 目地幅は特記によるが、特記がなければ8mm以上とし、目地にはシーリング材を充填する。

外壁湿式工法

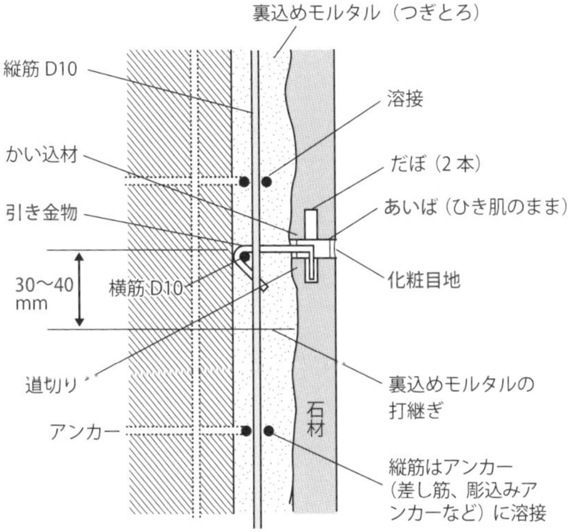

Lesson 05 タイル工事

一次　二次

密着張り・圧着張り

みっちゃん
（密着張り）

すてきなヴィブラート
（ヴィブラート）

あっちゃん
（圧着張り）

木づちで音頭取り
（木づち）

密着張りは、タイル張り用振動機（ヴィブラート）を用いてタイルをモルタル中に埋め込み、圧着張りは木づちでたたき締める工法である。

■セメントモルタルによる床タイル圧着張り

- タイルの張付けモルタルは塗り付ける厚さを5～7mmとし、必ず **2 度塗り**する。
- タイルの張付けモルタルを 1 回に塗り付ける面積は、タイル工 1 人当たり $2m^2$ 以内とする。
- 化粧目地詰めは、タイル上を**歩行可能**となった時点で行う。

■有機系接着剤による壁タイル後張り工法

- 接着剤の 1 回の塗布面積の限度は、**30 分以内に張り終える面積**とする。
- 張付け用接着剤は、こて圧をかけて平坦に**下地**に塗り付け、所定のくし目ごてを用いてくし目を立てる。

注意 • **タイル裏面**に塗り付けるのではない！

- くし目立ては、くし目ごての角度を壁面に対して **60°**とし、くし目を立てる。

注意 • 壁面に対して**直角**ではない！

セメントモルタルによる壁タイル張り

密着張り

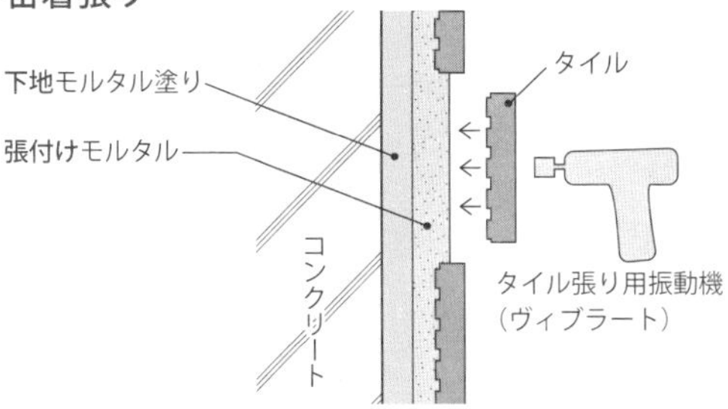

- タイルの張付けは、**上部**から**下部**へ1段置きに水糸に合わせてタイルを張り、その後に間を埋めるように張る。

注意 • **下部から1段置きではない！**

改良積上げ張り

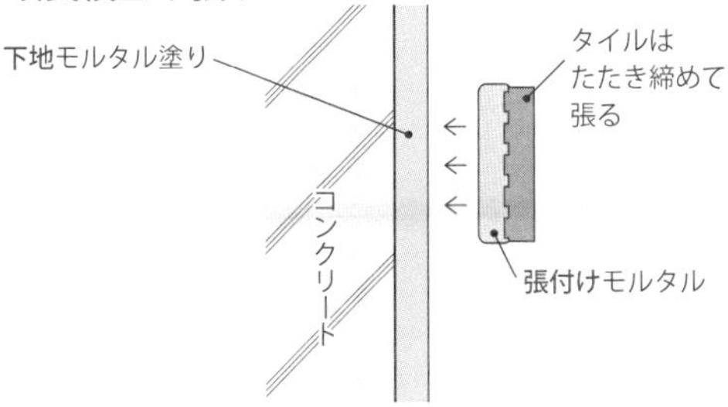

- 小口タイルの張付けは、1日の張付け高さを**1.5m**程度とする。

改良圧着張り

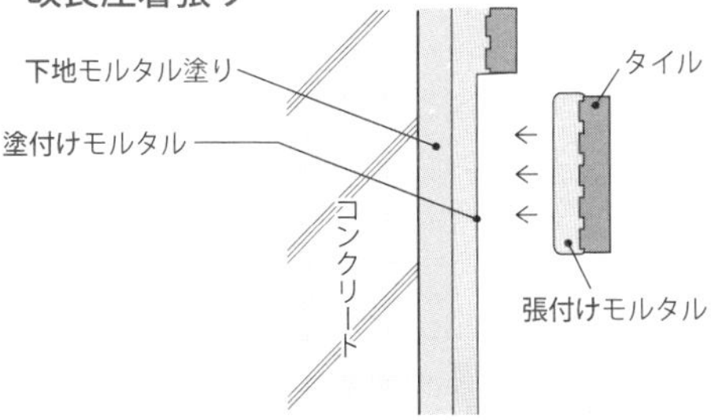

- 張付けモルタルの1回に塗り付ける面積は、タイル工1人当たり**2m²**以内とする。

マスク張り

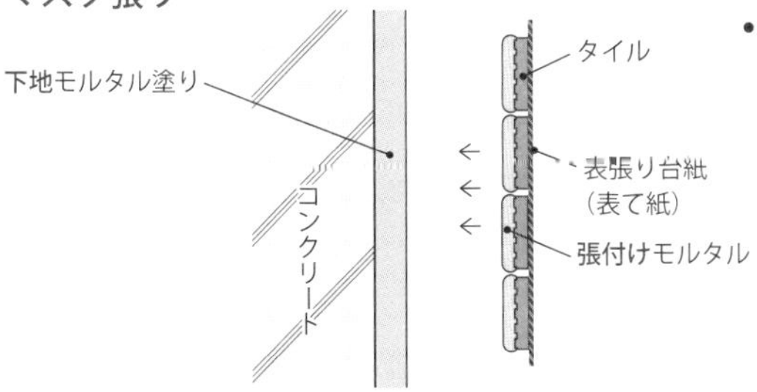

- タイル裏面への張付けモルタルは、**金ごて**を用いて塗り付ける。

Lesson 06

表面仕上げ・表面処理

一次

表面仕上げの種類

エッチな絵に
（エッチング仕上げ・図柄）
ダルイつや消し
（ダル仕上げ・つや消し）

エッチング仕上げは、化学処理により図柄や模様を施し、ダル仕上げは、細かい凹凸をつけてつや消ししたものをいう。

■ステンレス板の表面仕上げ

HL（ヘアライン）仕上げ	• 適当な粒度の研磨材で連続した磨き目がつくように研磨した仕上げである。
BA（バフ）仕上げ	• 冷間圧延して光輝熱処理を行い、さらに光沢を上げるために軽い冷間圧延をした仕上げである。
鏡面仕上げ	• 研磨線がなくなるまでバフ仕上げをした、最も反射率の高い仕上げである。
エッチング仕上げ	• 化学処理により研磨板に図柄や模様を施した仕上げである。
電解研磨	• 電解溶液中で研磨物体を陽極として電解したもので、比較的凹凸のある製品も一様に研磨され、表面に不働態《ふどうたい》被膜が形成される仕上げである。
化学研磨	• 研磨液に浸せきするだけで研磨したもので、中ぐらいの光沢をもった仕上げである。

ダル仕上げ	• つや消しロールで圧延、またはショットブラスして表面に細かい凹凸をつけたもので、にぶい灰色のつや消し仕上げである。
エンボス仕上げ	• 表面に機械的に凹凸の浮出し模様を付ける仕上げ。
カラーステンレス（化学発色）	• 化学処理により表面に酸化被膜を形成させ、光の干渉現象により発色させる方法である。

■表面処理に関する用語

硫化《りゅうか》いぶし仕上げ	• 銅合金の表面に硫黄《いおう》を含む薬品を用いてかっ色に着色したもの。
陽極酸化皮膜	• アルミニウム合金を硫酸その他の電解液中で電気分解して表面に生成させた皮膜。
溶融亜鉛めっき	• 鋼材を溶融した亜鉛の中に浸せきして亜鉛めっき皮膜を生成させること。
電気めっき	• 鋼材などを電解液中で通電して表面に皮膜金属を生成させること。
バフ焼け	• バフ研磨中の高熱のために生じた研磨面の不均一性のこと。
ダイマーク	• 押出（引抜）材表面の押出（引抜）方向に現れる線状の細かい凹凸のこと。
チョーキング	• 主として光による劣化が原因で起きる表面が粉末状になる現象のこと。
接触腐食	• 異種金属が接触し、電解質が介在して電気回路が形成したときに生じる腐食。
糸状腐食	• 重ねた板の間、または塗膜の下に生じる糸状の腐食。

プラスα　花崗《かこう》岩の表面仕上げの種類

- 割肌仕上げ
- びしゃん仕上げ
- ジェットバーナー仕上げ
- のみ切り仕上げ
- ブラスト仕上げ
- 本磨き仕上げ

Lesson 07 金属工事

一次　二次

野縁の間隔

おひとりさまのブチ
(シングル野縁)

下心あって　寒さに負けず
(下地張りあり)　(360mm 程度)

されど　意気地なし
(300mm程度)（下地張りなし）

シングル野《の》縁《ぶち》の間隔は、下地張りがある場合は 360mm 程度、下地張りがない場合は 300mm 程度とする。

軽量鉄骨天井下地

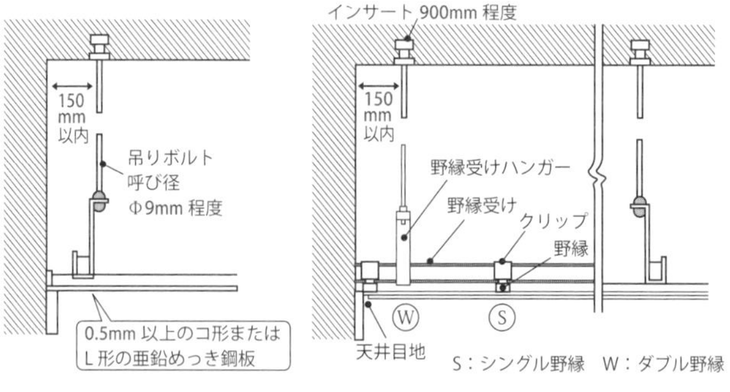

- 吊りボルトは、周囲の端部から150mm 以内に配置し、間隔は 900mm 程度とする。
- 野縁受のジョイントは、吊りボルトの近くに設け、千鳥状に配置し、隣り合うジョイント位置は 1m 以上ずらす。
- 中央部が高くなるよう、スパンの1/500 ～ 1/1000 程度のむくりを付けて組み立てる。

■屋内の野縁の間隔

条　件	シングル野縁	ダブル野縁
下地張りあり	360mm 程度	1,800mm 程度
下地張りなし	300mm 程度	900mm 程度
ボード寸法 910×1,820 程度 2 重張り	360mm 程度	1,800mm 程度
ボード寸法 910×1,820 程度 1 重張り	300mm 程度	900mm/1,800mm 程度

■天井に用いるアルミモールディングの取付け

- 取付けに先立ち、半端な寸法の材料が入らないように割付けを行う。
- 留付けは、目立たないよう**目地底**にステンレス製の小ねじ留めとする。
- 長尺のアルミモールディングには、温度変化に対する**伸縮調整継手**を設ける。

■軽量鉄骨壁下地

- 床ランナーは、端部を押さえ、**900mm** 程度の間隔でコンクリート床に固定する。
- 床ランナーの継手は、**突付け継ぎ**とする。

注意 • 重ね継ぎではない！

- スタッドは、上部ランナーの上端とスタッド天端のすき間が **10mm 以下**となるように取り付ける。
- スタッドの間隔は、ボード 2 枚張りの場合は **450mm** 程度、1 枚張りの場合は **300mm** 程度とする。
- スペーサーは、スタッドの建込みの**前**に取り付ける。
- 振れ止めは、床ランナー下端から約 **1.2m** の高さごとに設けるが、上部ランナー上端から**400mm** 以内に振れ止めが位置する場合は、それを省略することができる。
- 出入口開口部の垂直方向の補強材は、上下のコンクリートスラブに固定する。

■スタッドの高さと種類

2.7m 以下	50 形
4.0m 以下	65 形
4.0m 超 4.5m 以下	90 形
4.5m 超 5.0m 以下	100 形

■その他の金属工事

- アルミニウム製笠木は、**コーナー部材**を直線部材より先に取り付ける。
- アルミニウム製笠木の天端の水勾配は、**内側**が低くなるように取り付ける。
- 鋼製手すりの支柱は、コンクリートに埋め込む部分についても**錆止め**を行う。

Lesson 08

雨どい・屋根工事

一次　二次

留付け・緊結

大波に乗った　福ボート
（スレート大波板）　（フックボルト）

のしをつけるなら
（のし瓦）

ビニール銅線で巻いて
（樹脂被覆銅線）

繊維強化セメント板（スレート大波板）の鉄骨母屋への留付けには、フックボルトを使用し、粘土瓦葺におけるのし瓦や冠瓦の緊結には、樹脂被覆銅線を用いる。

■鋼板製雨どいの工事

軒どい	• 所定の流れ勾配となるよう、とい受け金物900mm程度の間隔で取り付ける。 • 継手部は、重ねしろを40mm程度とし、相互のといの耳巻き部分に力心を差し込み、はんだ付けする。
たてどい	• 長さ方向の継手は、上にくるたてどいを下のといの中に、といの直径の長さ程度差し込んで継ぐ。
谷どい	• 継手部は、60mm程度重ね合わせてシーリング材を充填し、リベットで２列に千鳥に留め付ける。

■硬質塩化ビニル雨どいの工事

軒どい	• 1本の長さを10m以内とし、10mを超える場合は伸縮継手を設ける。 注意 • 両端を集水器に接着剤で固定してはならない！ • 軒どいは、とい受け金物に径1.2mm程度の金属線で取り付ける。 • 受け金物は、1000mm以下の間隔で通りよく取り付ける。

たてどい	• たてどいの継手は、専用の部品を用い、接着剤を用いて取り付ける。 • 継いだ長さが 10m を超える場合は、エキスパンション継手を設ける。 • 受け金物は、1200mm 以下の間隔で通りよく取り付ける。

■金属板葺屋根の横葺

• 下葺《したぶき》のアスファルトルーフィングの野地板へのステープルによる仮止め間隔は、重ね部で 300mm 程度、その他は 900mm 以下とする。

• タイトフレームと下地材との接合は、隅肉溶接とする。

注意 • スポット溶接ではない！

• 葺板《ふきいた》の継手部分には、葺板と同材のジョイントプレート（裏板）を用い、葺板どうしの間に 10mm の目地を設ける。

• けらば包みの継手位置は、端部用タイトフレームの近くに設ける。

• 軒先《のきさき》納めは、唐草《からくさ》の継手位置と葺板の継手位置をずらし、葺板の水下側の先端部を唐草に充分はめ合わせる。

折板《せっぱん》葺

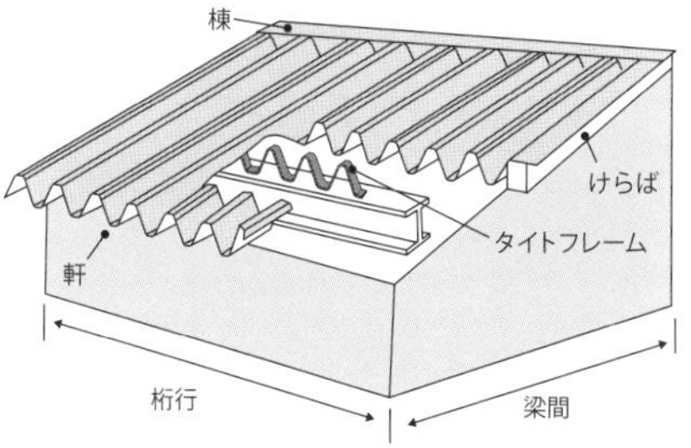

• タイトフレームの取付け溶接部は、溶接後スラグを除去し、防《ぼう》錆《せい》処理を行う。

• 折板《せっぱん》のタイトフレームへの取付けには、固定ボルトを用いる。

• 重ね形折板の重ね部に使用する緊結ボルトの流れ方向の間隔は、600mm 程度とする。

• 軒先には、折板の先端部分の下底に水切りをよくするため、尾垂《おだ》れを付ける。

• 棟覆いや雨押えの水下側で雨水を切るため、エプロンを取り付ける。

■粘土瓦葺

• 瓦桟木は、断面寸法が幅 21mm 以上、高さ 15mm 以上の良質な杉等を使用する。

• のし瓦や冠瓦の緊結には、ステンレス線または樹脂被覆された銅線を用いる。

• 谷部においては、厚さ 0.4mm 以上の銅板を谷どいとして使用する。

• のし瓦を安定させるため、葺土を使用する。

• 冠瓦を取り付けるため、棟補強用心材を使用する。

Lesson 09

左官工事（1）

一次
二次

富調合・貧調合

金持ちの仲間割れは
（富調合）　（ひび割れ）

下でどうぞ
（下塗り）

貧しい者たちは
（貧調合）

仲良く天上へ
（上塗り）

富調合のモルタルは、ひび割れが生じやすく、上塗りモルタルには、ひび割れの生じにくい貧調合のものを用いる。

■コンクリート壁下地のセメントモルタル塗り

調合

- モルタルの1回の練混ぜ量は、60分以内に使い切れる量とする。
- 作業性の向上、乾燥収縮によるひび割れの防止のためには、メチルセルロース等の保水剤を混和剤として用いる。

塗り厚 頻出

- 下塗り、中塗り、上塗りの各層の塗厚は、原則として7mm以下とする。

下地処理

- 下地コンクリート面は、水を掛けながらデッキブラシを用いて清掃する。
- 仕上げ厚または全塗厚が25mmを超える場合は、下地にアンカーピンを打ち、溶接金網等を張り付ける。

下塗り	• 吸水調整材塗りの後は、乾燥後に塗付けを行う。 • ポリマーセメントペースト塗りを行った後は、乾燥しないうちに行う。 • 吸水調整材を塗りすぎると、モルタルとコンクリート面との付着力が低下するおそれがある。 • 普通モルタルの下塗面は、しまり具合を見計らって金ぐしを用いて荒く、深いくし目を全面に付ける。 • 下塗り後、モルタル表面のドライアウトを防止するために、水湿しを行う。 • 下塗りは、14 日以上放置し、十分にひび割れを発生させてから次の塗付けにかかる。
むら直し	• むらが著しい場合には、下塗りの後、むら直しを行う。 注意 • 中塗りの後ではない！
上塗り	• 上塗りモルタルの調合は、下塗りモルタルよりも貧調合とする。 注意 • 富調合ではない！ • 上塗りの用の砂は、下塗りや中塗りよりも小さい粒度のものを用いる。

■セルフレベリング材塗り

- 塗厚が大きくなると、ひび割れや浮きが発生しやすくなるため、標準塗厚は 10mm とする。
- せっこう系の材料は、耐水性がないため、屋外や浴室などには使用しない。
- 下地コンクリートの乾燥期間は、打込み後、1 か月以上確保する。
- 吸水調整材は、コンクリート下地にデッキブラシで十分すり込むように塗り付ける。
- セルフレベリング材の流し込みは、吸水調整材塗布後、十分乾燥させてから行う。

  注意 • 吸水調整剤塗布後、直ちに行うのではない！
- 流込み作業中や作業後は、通風を避けるよう、窓や開口部をふさぐ。

プラスα　セルフレベリング材

- セルフレベリング材は、自己水平性をもつ床下地材で、せっこう系とセメント系がある。不陸《ふりく》の調整が容易になる。

Lesson 10

左官工事（2）

一次　二次

複層仕上塗材

服装の仕上げ
（複層仕上塗材）
メリハリボディで
（凹凸）
惹きつけて
（吹付け工法）

複層仕上塗材を凹凸状に仕上げるためには、吹付け工法で施工する。

■せっこうプラスター塗り

- 硬化時間や強度に影響が出るため、せっこうプラスターにはセメント等を絶対に混入してはならない。
- せっこうプラスターは、適正な凝結時間と正常な硬化を得るため、製造後3か月以内のものを使用する。
- 塗り作業中だけでなく作業後も、せっこうプラスターが硬化するまで通風を避ける。

下塗り・中塗り	• 下塗りは、下地モルタルが十分乾燥した後に施工する。 • 下塗り、中塗りのせっこうプラスターは、加水後2時間以上経過したものは使用してはならない。 • せっこうラスボード下地の場合、アルカリ性以外の既調合プラスターを使用する。 注意 • アルカリ性の既調合プラスターを直接塗ってはならない！ • 中塗りは、下塗りが硬化するのを待って施工する。

上塗り	• 上塗りは、中塗りが半乾燥のうちに施工する。 • 上塗りのせっこうプラスターは、加水後 1.5 時間以上経過したものは使用してはならない。

■仕上塗材仕上げ

- 各工程ごとに用いる下塗材、主材及び上塗材は、同一製造所のものとする。
- 見本塗板は、所要量・塗厚が工程ごとに確認できるように作成する。
- 仕上塗材の付着性の確保や目違いの調整のため、下地コンクリート面にはセメント系下地調整塗材を使用する。
- シーリング面への仕上塗材仕上げは、塗重ね適合性を確認し、シーリング材の硬化後に行う。

  注意 • 硬化前ではない！
- 複層仕上塗材の仕上げ形状を凹凸状とする場合は、主材基層、主材模様及び上塗りを吹付け工法とする。

  注意 • ローラー塗り工法ではない！
- スプレーガンによる吹付けは、スプレーガンのノズルを下地面に対してやや上向きにし、一定距離を保ちながら縦横 2 方向に吹き付ける。

■複層仕上塗材

種　類	呼び名	仕上げの形状	工　法
複層仕上塗材	複層塗材 CE 複層塗材 Si 複層塗材 E 複層塗材 RE	凸部処理 凹凸状	吹付け
		ゆず肌状	ローラー塗り

■下地調整塗材

種　類	塗　厚
合成樹脂エマルション系下地調整塗材	0.5〜1mm 程度
セメント系下地調整塗材	0.5〜3mm 程度
セメント系下地調整厚塗材	3〜10mm 程度

■下地と仕上塗材の組合せ

下　地	仕上塗材
内部のせっこうボード下地	内装薄塗材 W
内部のセメントモルタル下地	複層塗材 E
外部の ALC パネル下地	外装薄塗材 E
外部のコンクリート下地	外装薄塗材 E

Lesson 11 建具工事（1）

一次

マスターキーシステム

この技を

マスターしたら
（マスターキーシステム）

どんな錠でも開けられるぞ
（複数個の錠を施解錠できる）

マスターキーシステムとは、特定の１本の鍵で複数個の錠を施解錠できるシステムである。

■鋼製建具の建具枠の取付け

- 枠の取付け精度は、対角寸法差 3mm 以内とする。
- 鉄骨造の建物への建具枠の取付けは、鉄骨に取り付けた下地鋼材にアンカー材を溶接する。
- 枠のつなぎ補強板は、両端から逃げた位置から間隔 600mm 以下に取り付ける。
- 外部建具枠の上部隅は、縦延ばし胴付き溶接とする。
- 4 方枠の気密材は、建具の気密性を確保するため、クロロプレンゴム製とする。

■くつずりの取付け

- くつずりは、あらかじめ裏面に鉄線を付けておき、モルタル詰めを行った後に取り付ける。
- 外部に面する鋼製ドアのくつずりは、両端を縦枠より延ばし、縦枠の裏面で溶接する。
- 外部のくつずりの材料は、厚さ 1.5mm のステンレス鋼板とする。

■フラッシュ戸の組立て

鋼製建具	• 中骨《なかぼね》は、300mm 程度間隔で設ける。 • 表面板と中骨の固定は、構造用接合テープを用いて接合する。 • 外部に面する両面フラッシュ戸の見込み部は、下部を除き、3方の見込み部を表面板で包む。 注意 • 上下を除くのではない！ • 特定防火設備の片面フラッシュの防火戸は、厚さ 1.5mm 以上の鋼板張りとする。
木製建具	• 高さが 2,100mm の扉の心材は中骨式とし、横骨を 150mm 以下の間隔で入れる。 • 戸の錠前当たりの部分は、高さ 300mm 以上の増し骨で補強を施す。 • 反りが生じないよう、表と裏の面材は同一のものとする。 • ホットプレス機を使用する場合は、上・下かまち及び横骨に3mm 程度の空気穴を設ける。

■吊り金物

グラビティヒンジ	• 扉側と枠側のヒンジ部の勾配を利用し、常時開または常時閉鎖の設定ができる。 • 自重で自閉するため、トイレブースの扉などに用いる。
フロアヒンジ	• 床に埋め込まれる扉の自閉金物で、自閉速度を調整できる。
ピボットヒンジ	• 扉の上端と下端に取り付け、上下の軸を支点に開閉する。
ドアクローザ	• 開き戸の自閉機能と閉鎖速度制御機能を有している。 注意 • 防火戸には、ストッパー付きのドアクローザを用いてはならない！

■キーシステムと錠

マスターキーシステム	• 特定の鍵で、複数個の錠を施解錠できる。
逆マスターキーシステム	• 複数個の異なる鍵で、特定の錠を施解錠できる。
個別キーシステム	• 各々の錠をそれに対応する個別の鍵のみで施解錠できる。
シリンダー箱錠	• 防犯効果があるため、外部に面する出入口の扉に用いられる。
モノロック	• 内外の握り玉の同一線上で施解錠ができる。

Lesson 12

建具工事（2）

一次　二次

防煙シャッターのスラット

スラッとした望遠鏡を
（スラット）　（防煙シャッター）
オーバーなラッピングで
（オーバーラッピング）
プレゼント

特定防火設備の防煙シャッターのスラットの形状は、オーバーラッピング形とする。

■アルミニウム製建具

材料

- 枠、かまち等に用いるアルミニウム板の厚さは、1.5mm 以上とする。
- 建具枠に用いる補強材を鋼製とする場合には、亜鉛めっき処理を行う。
- 引違い建具のすれ合う部分、振れ止め、戸当りは、合成樹脂等のものとする。
- 防虫網を合成樹脂製とする場合、網目は 16 ～ 18 メッシュのものとする。

絶縁

- 表面処理が陽極酸化被膜のアルミニウム製部材がモルタルに接する箇所には、ウレタン樹脂系の塗料を塗布する。

加工・組立

- 建具取付け用のアンカーは、両端から逃げた位置から、間隔 500mm 以下に取り付ける。
- 隅部の突付け部には、シーリング材またはシート状の止水材を使用する。

取付け

- 鉄筋コンクリート造に取り付く建具は、木製くさび等を用いて仮止めし、建具のアンカーを躯体付けアンカーに溶接する。
- 外部建具枠回りにモルタルを充填する際には、仮止め用のくさびを取り除く。
- 外部建具枠の周囲に充填するモルタルに用いる防水剤は、金属の腐食を促進する塩化物系等以外のものとする。

注意 • 塩化物系のものを用いてはならない！

- 建具枠周囲に充填するモルタルの調合は、容積比でセメント 1：砂 3 とする。
- 外部建具枠回りに充填するモルタルには、NaCl 換算 0.04％（質量比）以下まで除塩した海砂を使用する。
- 抱き納まりとするアルミニウム製サッシは、下枠と躯体とのすき間を 75mm 程度とし、水切り板とサッシ下枠部を 2 度に分けてモルタルを充填する。

養生

- 建具の養生材は、除去を最小限にとどめ、取付けが終わった後に復旧する。

ガラス工事

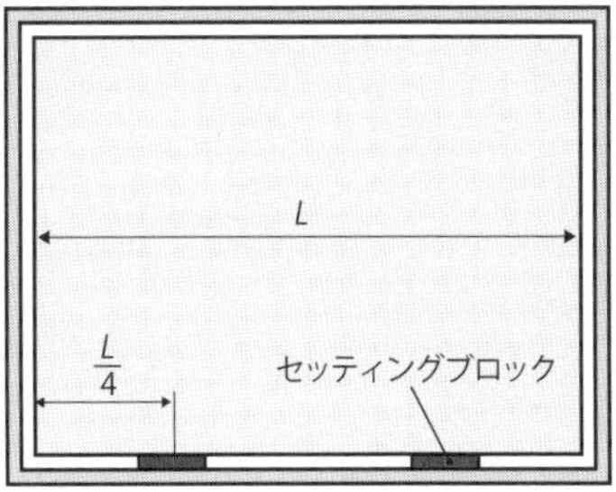

- セッティングブロックは、ガラス下辺の両角よりガラスの横幅寸法のおよそ 1/4 の箇所に設置する。

注意 • 両角の下ではない！

- 外部に面する複層ガラス、合わせガラス、網入板ガラスは、取り付ける建具の下枠に水《みず》抜《ぬ》き孔《あな》を設ける。
- 板ガラスの切断面は、クリーンカット（クリアカット）とし、エッジ強度の低下を防ぐ。
- グレイジングチャンネルの継目の位置は、ガラスの上辺中央部とする。

注意 • 複層ガラスには、グレイジングチャンネルを用いない！

プラスα 重量シャッター工事 頻出

- 特定防火設備の防火シャッターのスラットとケースには、実厚 1.5mm 以上の鋼板を用いる。
- スラット相互のずれ止めとして、スラットの端部に端金物を取り付ける。

注意 • フックを取り付けるのではない！

Lesson 13

塗装工事

一次
二次

ローラーブラシ

強要されて
(強溶剤系)
売るブラシ
(ウール)
もはや使えない
(モヘア)

強溶剤系の塗料には、モヘアではなく、ウールのローラーブラシを使用する。

■素地ごしらえ

木部面	• 付着したアスファルトや油類は、皮すきで取り除き、**溶剤**でふいて乾燥させる。 • 著しい色むらがある場合は、**着色剤**を用いて色むら直しを行う。 • 仕上げに支障のおそれがある変色は、**漂白剤**を用いて修正する。 • 節止めにセラックニスを塗布する場合は、工程間隔時間を**2時間以上**とする。 • 節止めの後に、穴埋め・パテかいを行う。
鉄鋼面	• 油類除去の後に錆落しを行う。 • 付着した機械油の除去は、石油系溶剤を用いて行う。 • 錆及び黒皮は、サンドブラストで除去する。
モルタル面	• セメントモルタル塗り施工後**2～3週間**経過した後に行う。 • シーラー塗りは、パテかいの前に行う。

ALC パネル面	• 吸込み止めは、下地調整の前に行う。 • 吸込止めは、**合成樹脂エマルションシーラー**等を用いて行う。
せっこうボード面	• パテかいには、**合成樹脂エマルションパテ**を使用する。

■塗装工事

• 塗装場所の気温が **5℃以下**、相対湿度が **85％以上**の場合は、原則として塗装作業を行わない。

合成樹脂調合ペイント塗り

• 目止めには、**合成樹脂エマルションパテ**を用いる。

• 上塗りは、**はけ塗り**とし、材料を希釈せずに使用する。

• 鉄鋼面の上塗りの塗付け量は、**0.08kg/m²** とする。

クリヤラッカー塗り

• 下塗りは、ウッドシーラーを用いる。

注意 • ジンクリッチプライマーではない！

• 着色は、下塗りのウッドシーラー塗布**前**に行う。

注意 • ウッドシーラー塗布後ではない！

アクリル樹脂系非水分散形塗料塗り

• 下塗りには上塗りと同一材料を用いる。

合成樹脂エマルションペイント塗り

• 中塗り後、**3 時間以上**経過してから次工程の作業を行う。

オイルステイン塗り

• 色濃度の調整は、**シンナー**によって行う。

• 中塗り及び上塗り後に、全面をむらのないように**ウエス**で軽くふきとる。

■塗装方法

ローラーブラシ塗り	• 強溶剤系の塗料には、ウールのローラーブラシを用いる。 注意 • モヘアではない！ • 壁面の隅やちり回りなどは、小ばけを用いて先に塗布する。
吹付け塗り	• エアスプレーによる吹付け塗りは、スプレーガンの空気圧が低過ぎると噴霧が粗く、塗り面がゆず肌状になる。 • エアレススプレーによる吹付け塗りは、高粘度、高濃度の塗料による厚膜塗装に適している。 • スプレーガンは、塗面に平行に運行し、1 列ごとに吹付け幅が 1/3 ずつ重なるようにする。

Lesson 14

内装工事（1）

一次　二次

接着材の盛上げ高さ

盛り上げよう！
（盛上げ高さ）
しり上がりに倍以上！
（仕上がり面・2倍以上）

せっこう系直張り接着材の盛上げ高さは、仕上がり面までの高さの2倍以上とする。

壁のせっこうボード張り

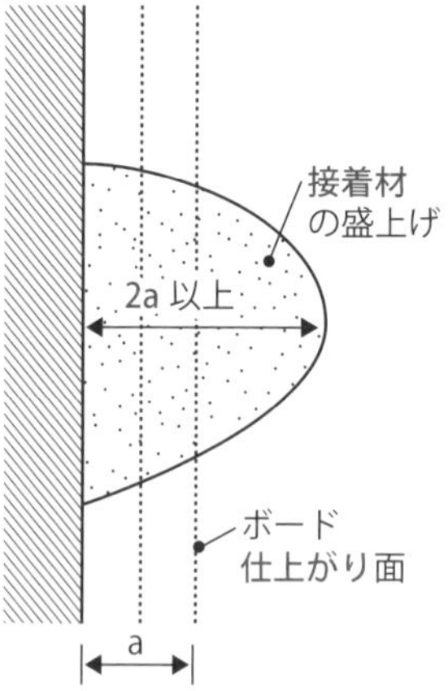

せっこう系接着材直張り工法
接着材の1回の練混ぜ量…1時間で使い切る量

注意 • 2時間ではない！

接着材の盛上げ高さ…仕上がり面までの高さの2倍以上

注意 • 仕上がり面までの高さではない！

- ボードの張付けは、定規でボードの表面をたたきながら不陸がないように行う。
- ボードは、くさび等をかって床面から浮かし、床面からの水分の吸い上げを防ぐ。

■せっこうボードの継目処理

- ボードの重ね張りは、上張りと下張りのジョイント位置が同位置にならないように行う。
- テーパーボードの継目処理で、グラスメッシュのジョイントテープを用いる場合、ジョイントコンパウンドの下塗りを省略できる。
- 鋼製下地に張り付ける場合のドリリングタッピンねじの留付け間隔は、ボードの中間部より周辺部を小さくする。
- ドリリングタッピンねじの頭は、ボード面よりやや低くなるように締め込む。
- 出隅部には、衝突による損傷防止のため、コーナー保護金物を使用する。

■壁紙張り

接着剤

- でん粉系接着剤と合成樹脂系接着剤を混合したものを用いる。
- 防火張りに使用する接着剤量は、$30\,g/m^2$ 以下とする。

下地処理

- せっこう系接着材で直張りしたせっこうボード下地は、十分に乾燥させてから壁紙を張り付ける。
- 接着性及び作業性をよくするため、シーラーを全面に塗布する。

  注意 • 部分的に塗布するのではない！

- ビス頭の防錆処理は、シーラーを塗布する前に行う。

施工

- 室内の温度や湿度が高い場合は、通風や換気を行う。
- 下地のせっこうボードのジョイントと壁紙のジョイントが重ならないように張り付ける。
- 壁紙のジョイントは、できるだけ突付け張りとし、やむを得ず重ね切りする場合は、下敷きを当てて行う。
- 重ね張りとする壁紙は、強い光の入る側から張り出す。
- 張付け完了後の室内は、接着剤の急激な乾燥を避けるため、通風を避けた状態とする。

プラスα 防火性能

- 防火材料に認定された壁紙の防火性能は、下地材料の種類と施工方法との組合せにより決められている。

Lesson 15 内装工事（2）

一次　二次

フローリング張りの工法

値段交渉　（根太張り工法）
直談判　（直張り工法）
くっついて　（接着工法）
釘を刺す　（釘留め工法）

フローリング張りには、根太張り工法・直張り工法の釘留め工法と、接着工法がある。

■床のフローリング張り

根太張り工法	• 単層フローリングボードは、厚さが 15mm のものを用いる。 • 釘打ちと併用する接着剤は、樹脂系接着剤とする。 • 根太上に接着剤を塗布し、雄ざねの付け根から隠し釘留めとする。 • 張り込む際には、隣接するボードの継手位置を 150mm 離して割り付ける。
直張り工法	• 下張り用床板は、厚さ 12mm の構造用合板を使用する。 • 下張り用床板は、受材心で突付け継ぎとし、釘の留付け間隔は継手部を 150mm 程度、中間部は 200mm 程度とする。 • 接着剤は、下張り用床板に 300mm 程度の間隔でビート状に塗り付ける。
接着工法	• モルタル下地への接着剤は、樹脂系接着剤を使用する。

体育館用フローリング

• 体育館の壁とフローリングボードの取合いは、20～30mm のすき間を設ける。

注意 • 突き付けるのではない！

• 下張り用合板は、長手方向が根太と直交するように割り付ける。

■ビニル床シート張り

施工

- 施工時の室温が5℃以下になるおそれがある場合は、採暖のうえシートを張り付ける。
- ビニル床シートは、張付けに先立ち、仮敷きを行い、巻きぐせを取る。
- 湿気のおそれのある下地への張付けには、ウレタン樹脂系またはエポキシ樹脂系接着剤を使用する。
- 張付け用の接着剤は、所定のくし目ごてを用いて均一に塗布する。
- シートの張付けは、空気を押し出すように行い、その後ローラーで圧着する。

目地処理

- 熱溶接工法では、ビニル床シートを張り付け、接着剤が硬化した後、溶接を行う。
- 継目の溝はV字形とし、シート厚の2/3程度まで溝切りする。
- 熱溶接機を用いて、シートと溶接棒を同時に溶融し、余盛りができる程度に加圧しながら溶接する。
- 溶接部のシートの溝部分と溶接棒は、180～200℃の熱風で加熱溶融する。
- 溶接継目の余盛りは、溶接部が完全に冷却した後に削り取る。

注意 • 溶接直後ではない！

ビニル床シートの熱溶接

■合成樹脂塗床《ぬりゆか》

- ウレタン樹脂系塗床の1回の塗付け量は、2.0kg/m^{2}以下とし、2.0kg/m^{2}を超える場合は、塗り回数を増やす。
- 塗床材の塗り重ねは、先に塗った層が硬化する前に行う。

注意 • 完全に硬化してからではない！

プラスα　フローリングボードの目違い

- フローリングボードに生じた目違いは、サンダー掛けにより平滑にする。

注意 • パテかいではない！

Lesson 16

内装工事（3）

一次　二次

ランナーの数

1m 走のランナーは
（1m 当たりのランナー数）

8 人
（8 個）

カーテンレールに取り付けるランナーの数は、1m 当たり 8 個程度とする。

■カーペット敷き

タイルカーペット	• 平場の張付けは、パイル目の方向を変えた市松張りとする。 • フリーアクセスフロアの場合、目地は、床パネルの目地とずらして割り付ける。
タフテッドカーペット	• 敷込みは、グリッパー工法または全面接着工法とする。
ニードルパンチカーペット	• 敷込みは、全面接着工法とする。
ウィルトンカーペット	• 裁断は、はさみを用いて織目に沿って切りそろえる。 • 裁断部のほつれ止めは、切り口に合成ゴム系の接着剤を塗る。 注意 • アイロンで加熱処理するのではない！ • はぎ合わせは、手縫いでつづり縫いとする。 • 継目部の接合は、ヒートボンド工法を用いる。

■カーペット敷きの工法

グリッパー工法	• 下敷き材のフェルトの端部は、グリッパーと突き付けて固定する。 注意 • 重ねるのではない！
全面接着工法	• 仮敷きしたカーペットを折り返し、下地全面にくし目ごてを用いて接着剤を塗布する。
ヒートボンド工法	• 接着テープを用いて、アイロンで加熱しながら圧着する。

■カーテン工事

• カーテンの取付け幅及び高さの製作寸法は、現場実測により定める。

カーテンレール

• カーテンレールに取り付けるランナーの数は、1m 当たり 8 個程度とする。
• 中空に吊り下げるカーテンレールの吊り位置は、間隔を 1m 程度とし、曲り箇所及び継目部分にも設ける。

カーテンボックス 頻出

• カーテンレールがダブル付けのカーテンボックスの奥行き寸法は、150 ～ 180mm 程度とする。

注意 • 100mm ではない！

• レースカーテンのカーテンボックスは、窓幅に対して片側各々 100 ～ 150mm 程度長くする。

縫製

• 1枚のカーテンに使用するきれ地は、きれ地幅 1/2 未満のはぎれを使用しない。
• カーテン上端の折返し長さは、使用するフック（ひるかん）の長さにより定める。
• レースカーテンの上端の縁加工は、カーテン心地を入れて袋縫いとする。

注意 •心地を入れないのではない！

• カーテンの両脇及びすその縁加工は、伏縫いとする。
• ドレープや遮光用カーテンの幅継ぎ加工は、袋縫いとする。
• 引分け式遮光用カーテンは、中央召合せを 300mm とし、下端は窓枠より 500mm 長く仕上げる。

■内装木工事

• さお縁天井の天井板は、継手位置を乱とし、さお縁心で突付け継ぎとする。
• 化粧面となる造作材への釘打ちは、隠し釘打ちとする。
• かもいの溝じゃくりは木表側に行い、溝幅は 21mm、深さを 15mm とする。

Lesson 17 断熱工事・フリーアクセスフロア

一次

フリーアクセスフロアパネルの寸法精度

縦・横・高さ
（長さ・幅・高さ）

コンマ 5 ミリの職人技
（± 0.5mm 以内）

床パネルの各辺の長さが 500mm 以下の場合、長さ・幅の寸法精度は ± 0.5mm 以内、床パネル取付け後の隣接するパネルどうしの高さの差も± 0.5mm 以内とする。

■鉄筋コンクリート造の断熱工事

硬質ウレタンフォーム吹付け工法	• 吹付け面に付着している油脂分は、はく離の原因になるので、吹付け前に清掃しておく。 • 下地コンクリート面を充分に乾燥させた状態で吹付けを行う。 • ウレタンフォームが厚く付き過ぎて表面仕上げ上支障となる箇所は、カッターナイフ等で表層を除去する。 • ウレタンフォームが所定の厚さに達していないところは、補修吹きを行う。
押出法ポリスチレンフォーム打込み工法	• 断熱材と躯体が密着しているため、内部結露が生じにくい。 • 断熱材の継目は、型枠の継目を避けて割り付ける。 • コンクリートの漏れを防ぐため、断熱材の継目にテープ張りを行う。 • 窓枠回りの防水剤入りモルタル詰めを行った部分には、現場発泡の硬質ウレタンフォームの充填などを行う。

■フリーアクセスフロアの種類

支柱調整方式	• 仕上がり面の水平・がたつきの調整ができる**支柱調整機能**を有するもの。
置敷き方式	• **支柱調整機能**をもたず、仕上がり面が床下地にならうもの。
根太方式	• 根太、大引等の**下地**を設けてパネルを支持するもの。
共通独立脚方式	• パネルの四隅の**交点**に高さを調整できる共通の支持脚を設けてパネルを支持するもの。
脚付きパネル方式	• １枚のパネルの四隅や中間に高さ調整のできる**支持脚**が付いているもの。
支柱分離型	• パネルを持ち上げたとき、支柱がパネルから**離れる**もの。
支柱一体型	• パネルを持ち上げたとき、支柱がパネルに**付いている**もの。

■フリーアクセスフロアの寸法精度

パネルの長さ・幅の寸法精度	各辺の長さが 500 mm 以下	± 0.5mm 以内
	各辺の長さが 500mm 超	± 0.1%以内
取付け後の水平精度	隣接するパネルどうしの高さの差	± 0.5mm 以内

■用途と方式

クリーンルーム	根太方式	事務室	脚付きパネル方式
電算機室	共通独立脚方式	会議室	支柱調整方式

■フリーアクセスフロアの施工

- 取付け完了後に床パネルを取外した場合の再取付け時の作業を容易にするため、床パネルには方位のマーキングを行う。
- 支柱分離型の独立支柱は、接着剤でスラブに固定する。
- 下地となるコンクリートスラブ面の防塵塗装は、支柱分離型の独立支柱をスラブに固定した後に行う。

  注意 • 固定する前ではない！
- タイルカーペットと床パネルの目地は、同一の位置を避けて施工する。

Lesson 18 外装工事

一次
二次

縦張り工法・横張り工法

縦に揺れる
(縦張り)
ロッキングチェア
(ロッキング)
欲張って　スライド
(横張り)　(スライド)

縦張り工法は、躯体の層間変位にロッキングにより追随し、横張り工法は、スライドによって追随する工法である。

■外壁の押出成形セメント板張り

縦張り工法	• パネル上部の取付け金物（Ｚクリップ）は、回転防止のため、下地鋼材に溶接する。 • パネルがロッキングできるように、取付け金物（Ｚクリップ）はパネルの上下端部に取り付ける。 注意 • パネルがスライドできるように取り付けるのではない！ • パネル下部には取付け金物（Ｌ型金物）をセットし、パネル側はタッピンねじ、床面側はアンカーボルトで固定する。
横張り工法	• 取付け金物（Ｚクリップ）は、パネルがスライドできるように取り付ける。 • 取付け金物（Ｚクリップ）は、パネル１枚につき上下２箇所ずつ４箇所取り付ける。 • パネル積上げ枚数２～３枚ごとに自重受け金物を取り付ける。 • 目地幅は、縦目地よりも横目地の方を小さくする。 注意 • 大きくするのではない！

■外壁パネルの取付け

- パネルは、表裏を小口表示で確認し、通りよく建て込む。
- パネルへの取付けボルトの孔あけは、回転ドリルを用いて行う。

注意 • 振動ドリルではない！

- 幅 600mm のパネルに設ける欠込み幅は、300mm 以下とする。

■ ALC パネルの取付け構法

縦壁《たてかべ》ロッキング構法	• パネル重量を、パネル下部の中央に位置する自重受け金物により支持する。 注意 • パネル下部の両端ではない！ • パネル短辺相互の接合部、出隅部及び入隅部には、伸縮目地を設ける。 • パネル間の目地シーリングは、隣接するパネル相互の挙動に追従できる 2 面接着とする。
縦壁スライド構法	• パネル上部は、目地鉄筋をスライドハタプレートなどの金物を介して取り付ける。
縦壁フットプレート構法	• パネル上部が面内方向に可動するように取り付ける。 • パネル下部は、床面に打込みピンで固定したフットプレートにより取り付ける。
縦壁アンカー筋構法	• パネル上部は、間仕切りチャンネルを用い、面内方向に可動となるように取り付ける。
横壁《よこかべ》アンカー構法	• パネル積上げ段数 5 段以下ごとに受け金物を設ける。

■ ALC パネル工事

- 壁パネルに設ける設備配管用貫通孔の径は、パネル幅の 1/6 以下とする。
- 外壁パネルと間仕切りパネルの取合い部は、伸縮目地を設ける。

注意 • パネルどうしのすき間がないように突付けとするのではない！

ここに注意 Z クリップの取付け方法

- パネルの取付け金物（Z クリップ）は、下地鋼材にかかり代を 30mm 以上確保して取り付ける。
- パネルの取付け金物（Z クリップ）は、取付けボルトがルーズホールの中心に位置するように取り付ける。

Lesson 19

改修工事

一次

Uカットシール材充填工法

日々割れんばかりの
(ひび割れ)
ユー・ガット・メール！
(Uカットシール材充填工法)
タイの雨季には
(タイルの浮き)
向かないよ

Uカットシール材充填工法は、外壁のひび割れの改修に用いるが、タイルの浮きの改修には用いない。

■外部仕上げ等の劣化とその改修工法の組合せ

劣　化	改修工法
外壁のひび割れ	Uカットシール材充填工法
モルタルの浮き	アンカーピンニング部分エポキシ樹脂注入工法
コンクリート打放し面のひび割れ	自動式低圧エポキシ樹脂注入工法
シーリングの劣化	ブリッジ工法
スチールサッシの劣化	かぶせ工法

■アスファルト防水改修工事

- 既存の保護コンクリートは、ハンドブレーカーを使用し、取合い部の仕上げ材や躯体に損傷を与えないように撤去する。

- 平場部の既存アスファルト防水層は、**ケレン棒**を使用し、下地材に損傷を与えないように撤去する。
- 立上り部及びルーフドレーンまわりの防水層を**残したまま**、新たにアスファルト防水層を施工してはならない。
- 既存防水層撤去後の下地コンクリート面の軽微なひび割れは、新規防水が絶縁工法の場合、**シール材**で補修する。
- 既存露出アスファルト防水層の上に、アスファルト防水熱工法により改修をする場合は、下地調整材として**溶融アスファルト**等を用いる。

■内装改修工事における既存床仕上材の除去

ビニル床シート等	・ビニル床シート張り床は、ビニル床シートをカッター等で切断し、スクレーパーを用いて他の仕上げ材に損傷を与えないように撤去する。 注意 ・ダイヤモンドカッターではない！ ・下地面に残ったビニル床タイルの接着剤は、ディスクサンダーを用いて除去する。
合成樹脂塗床材	・モルタル塗り下地の合成樹脂塗床は、電動ケレン棒等を用いて下地モルタルとも撤去する。 ・コンクリート下地の合成樹脂塗床材の除去は、ブラスト機械等によりコンクリート表面から3mm程度を削り取る。
フローリング張り床材	・モルタル埋込み工法によるフローリングブロックは、電動ピック等を用いてフローリング材とモルタル部分をはつり取り、撤去する。 ・乾式工法のフローリング張り床材の撤去は、丸のこで切断し、ケレン棒によりはがし取る。
床タイル	・磁器質床タイルの張《はり》替《か》え部は、ダイヤモンドカッター等を用いて縁《えん》切《き》りをし、電動はつり器具により撤去する。 注意 ・はつりのみを用いて手作業で縁切りをするのではない！

■内装改修工事における軽量鉄骨天井下地

- 新たに設ける吊りボルト用のアンカーとして、**あと施工アンカー**を用いる。
- ダクトの新設により所定の位置に吊りボルトが取り付けられない場合は、アングル等の**水平つなぎ材**を設けて、吊りボルトを取り付ける。
- 照明器具取付け用の開口部の野縁の切断は、ガスによる**溶断**で行ってはならない。
- 下がり壁・間仕切り壁を境として、天井に段違いがある場合は**斜め補強**を行う。

Lesson 01

事前調査・届出

一次

道路使用許可・道路占用許可

路上で石ケリしよう！
(道路)　(使用許可)
ずっとやりつづけたりは
(継続)
せんようにね
(占用)

道路を特定の行為のために使用しようとする者は道路使用許可を、継続して使用しようとする者は道路占用許可を受けなければならない。

■現場条件の確認と必要な調査等

確認事項	必要な調査等
敷地境界	測量
既存地下埋設物の位置や規模	掘削調査
資材輸送の制約	大型車両の通行規制の調査

■工事・作業等と必要な調査

工事・作業等	必要な調査
根切り工事	前面道路や周辺地盤の高低の現状調査
山留め・掘削工事	近接家屋の現状調査
地業工事	近隣の商店や工場の業種の調査

既製杭の打込み	前面道路や周辺地盤の高低の現状調査
場所打ちコンクリート杭工事	敷地内の地中障害物の有無の調査
地下水の揚水	周辺井戸の使用状況の調査
解体工事	近隣の商店や工場の業種の調査
解体工事で発生する木くずの廃棄処分	産業廃棄物としての処分場所の調査 注意 •一般廃棄物ではない！

■各種届出等と提出先

届出等	提出先
建築工事届（延べ面積 $10m^2$ 超）	都道府県知事
建築物除却届（延べ面積 $10m^2$ 超）	都道府県知事
特定建設資材を用いた対象建設工事の届出書	都道府県知事
道路使用許可申請書	警察署長
道路占用許可申請書	道路管理者
特定建設作業実施届	市町村長
建設工事計画届	労働基準監督署長または厚生労働大臣
特定元方事業者の事業開始報告 （常時使用労働者数 10 人以上）	労働基準監督署長
クレーン設置届（吊り上げ荷重 3t 以上）	労働基準監督署長
エレベーター設置届（積載荷重 1t 以上）	労働基準監督署長
作業員寄宿舎設置届	労働基準監督署長

プラスα 道路占用許可と道路使用許可

- 歩道に工事用仮囲いを設置するなど、継続して道路を使用する場合は、道路管理者から道路占用許可を受けなければならない。
- 道路上にコンクリートポンプ車を駐車して作業するなど、特定の行為を行う場合は、警察署長から道路使用許可を受けなければならない。

Lesson 02 仮設計画・材料の保管

一次　二次

生コン車の高さ

体が重いと気分サイテー
（最大積載）　（最低）

でも　心を空にすれば
（空荷）

気分サイコー！
（最高）

生コン車の高さは、最大積載時が最も低く、空《から》荷《に》時が最も高い。

■仮設計画

仮囲い

- 仮囲いの高さは周辺の地盤面から **1.8m 以上**とする。
- 仮囲いに設置する通用口には、引戸または**内開き扉**を設ける。
- 鋼板製仮囲いの下端は、雨水が流れ出ないように、**すき間をあけない**。

注意 ・雨水が流れ出るように**すき間を設ける**のではない！

- 所定の高さを有し、かつ、危害を十分防止し得る**既存の塀**を、仮囲いとして使用することができる。

工事ゲート・出入口

- 工事ゲートの有効高さは、鉄筋コンクリート造工事の場合、**空荷時**の生コン車の高さ（3.8 m）以上とする。

注意 ・**最大積載時**の高さではない！

- 工事用の出入口の幅は、**前面道路**の幅員を考慮して計画する。
- 工事用の出入口が数箇所となる場合、守衛所は**メイン**の出入口に設置し、その他は警備員だけを配置してもよい。
- ハンガー式門扉は、重量と風圧を軽減するため、上部を**網状**の構造とする。

ガスボンベ置場

- 小屋の壁の 1 面は**開放**とし、他の 3 面の壁は上部に**開口部**を設ける。

注意 • **密閉構造**とするのではない！

下小屋

- 下小屋は、材料置場の近くに設置し、電力及び水道等の設備を設ける。

出先連絡所

- 敷地に余裕がなく工事用の事務所を工事現場から離れて設置する場合は、工事現場内に**出先連絡所**を設ける。

作業員詰所

- 作業員詰所は、できるだけ工事用の事務所の近くで、連絡や管理がしやすい位置に設ける。

■工事現場における材料の保管

ロール状に巻いたカーペット	• 屋内の乾燥した場所に、横置きにして保管する。 注意 • 縦置きではない！
ロール状に巻かれた壁紙	• 変形が生じないよう**立てて**保管する。
アルミニウム製建具	• 平積みを避け、縦置きにして保管する。 注意 • 平積みではない！
砂	• 周辺地盤より高い場所に、置場を設置して保管する。
袋詰めセメント	• 防湿に注意して、通風や圧力は避け、積重ねは 10 袋以下とする。 注意 • 風通しのよい場所に保管するのではない！
鉄筋	• 直接地面に接しないように角材等の上に置き、シートをかけて保管する。
型枠用合板	• **直射日光**が当たらないよう、シートをかけて保管する。
シーリング材	• 直射日光や雨露の当たらない場所に**密封**して保管する。
アスファルトルーフィング	• 湿気の影響を受けにくい場所に**立てて**保管する。

Lesson 03 工程計画・工程管理

一次

工程表の種類

玩具店（ガント）のばあちゃん（バーチャート）、
ネットにワクワク（ネットワーク）
しすぎて
背中が曲がる（曲線）

施工管理での工程図表には、ガントチャート工程表、バーチャート工程表、ネットワーク式工程表、曲線式工程表の４種類がある。

総合工程表

総合工程表における考慮事項	マイルストーンの例
• 作業可能日、作業開始時間、作業終了時間 • 労務、資材、機材の調達状況 • 使用可能な前面道路の幅員、交通規制 • 工場製作材料の製作日数 • 使用揚重機の性能と台数 • 設定したマイルストーン 注意 • 工種別の施工組織体系は、総合工程表立案段階の最初の考慮事項ではない！	• 山留杭打ち開始日 • 掘削開始日、完了日 • 地下コンクリート打設完了日 • 最上階躯体コンクリート打設完了日 • 鉄骨建方開始日 • 屋上防水完了日 • 外部足場の解体完了日 • 受電日

■工程計画の立案

- 立案の方式には、大別して積上方式（順行型）と割付方式（逆行型）がある。
- その地域の雨天日や強風日等を推定して作業不能日を設定する。
- 作業ごとに１日当たりの作業量が、それぞれ均等になるように調整する。
- 各作業の所要期間は、作業の施工数量を、投入数量と１日当たりの施工能力で除して求める。
- 各工事の施工速度は、工期、品質、経済性、安全性等を考慮して設定する。
- 工事を行う地域の労務や資材の調達状況、天候や行事、隣接建造物の状況などを考慮する。

各種工程表の特徴

工程表の種類／項目	ガントチャート	バーチャート	曲線式	ネットワーク
作業の手順	不明	漠然	不明	判明
作業に必要な日数	不明	判明	不明	判明
作業進行の度合い	判明	漠然	判明	判明
工期に影響する作業	不明	不明	不明	判明
図表の作成	容易	容易	やや複雑	複雑

バーチャート工程表

- 縦軸に工事項目を、横軸に各工事日数を示し、各作業を横線で表したものである。

注意 • 横軸は工事の達成度ではない！

- 各作業の関連が示されないので、クリティカルパスが明確になりにくい。
- 工程上のキーポイント、重点管理しなければならない作業が判断しにくい。

山積工程表

- 山崩しは、作業員や資機材等の投入量が一定量を超えないように工程を調整すること（平準化）をいう。

注意 • 山崩しは、工期短縮に用いられる手法ではない！

タクト工程表

- 同種の作業を複数の工区や階で繰り返し実施する場合、各作業が工区を順々に移動しながら作業を行う手順を示した工程表である。

注意 • 山積工程表ではない！

Lesson 04

品質管理

一次

QC7つ道具

送別会　チェックの衣装で
（層別）（チェックシート）

パレード　3分
（パレート図）（散布図）

監督は
（管理図・特性要因図）

椅子とスクラム
（ヒストグラム）

QC7つ道具とは、パレート図、特性要因図、ヒストグラム、管理図、チェックシート、散布図、層別の7つをいう。

品質管理に関連する用語

- 5S（整理・整頓・清掃・清潔・しつけ）
- ISO 9000ファミリー
- PDCA（Plan・Do・Check・Action）
- QA（品質保証）
- QC（品質管理）
- 管理図
- サンプリング
- チェックシート
- 特性要因図
- トレーサビリティー
- ばらつき
- パレート図
- ヒストグラム
- 見える化
- ロット

注意 ・マニフェストは、品質管理に関連する用語ではない！

■品質管理

- 品質管理は、工程（プロセス）を重視し、目標とした品質を確保することである。
- 品質管理では、後工程より前工程に管理の重点をおくほうが効果的である。

  注意 • 後工程に重点をおくのではない！
- 品質計画には、目標とする品質、品質管理の実施方法、管理の体制等を具体的に記載する。
- 施工品質管理表（QC 工程表）には、検査の時期、方法、頻度を明示する。
- 品質計画に基づく施工の試験または検査の結果は、次の計画や設計に生かす。

■検査と試験

- 検査とは、性質または状態を調べ、判定基準と比較して良否の判断を下すことである。

  注意 • 試験のことではない！
- 工程内検査は、工程の途中で次の工程に移してもよいかどうかを判定するために行う。
- 試験・検査の結果が管理値を外れた場合には、適切な処置を施し、再発防止の措置をとる。
- 施工の検査等に伴う試験は、試験によらなければ品質及び性能を証明できない場合に行う。

■材料と試験の組合せ

シーリング材	簡易接着性試験
木材	含水率試験
フレッシュコンクリート	塩化物量試験
支持地盤	平板載荷試験

ここに注意 **これは誤り！**

- 品質を確保するためには、……より、検査・試験を強化する（重点をおく）ほうがよい」とする選択肢は誤りだ！ 気をつけよう。

Lesson 05

品質管理のための試験・検査

一次
二次

抜取検査の条件

合格者の中に
（合格ロット）
多少不良がいてもよければ
（不良品の混入）
選抜入試にしようよ
（抜取検査）

抜取《ぬきとり》検査は、検査対象がロットとして処理でき、合格ロット中にある程度の不良品の混入が許される場合に行うことができる。不良品の混入が許されない場合は、全数検査を行う。

■各種工事と試験・検査

工　事	確認項目	試験・検査
地業工事	支持地盤の地耐力	平板載荷試験
	埋込み杭の根固め液	圧縮強度試験 注意・針入度試験ではない！
鉄筋工事	ガス圧接部	外観検査（全数検査） 超音波探傷試験（抜取検査）
	ガス圧接継手	引張試験（抜取検査）
コンクリート工事	フレッシュコンクリート	空気量試験ほか
鉄骨工事	高力ボルト摩擦面の処理状況	すべり係数試験
シーリング工事	接着性	簡易接着性試験

■各種工事と測定機器

工　事	測定項目等	機　器
鉄筋工事	ガス圧接部のふくらみの直径	デジタルノギス 注意 ・ダイヤルゲージではない！
コンクリート工事	フレッシュコンクリートのスランプ	スランプゲージ
鉄骨工事	隅肉溶接のサイズ	溶接用ゲージ
タイル工事	タイル接着力	油圧式簡易引張試験器
塗装工事	鉄骨の塗膜厚	電磁式膜厚計
	下地モルタル面のアルカリ度	pH コンパレーター
内装工事	木材の含水率	電気抵抗式水分計 注意 ・pHコンパレーターではない！
断熱工事	断熱材厚さ	ワイヤゲージ

■レディーミクストコンクリートの受入時の試験

スランプ試験	• スランプの測定値は、スランプコーン引上げ前の高さと、引上げ後のコンクリート最頂部の高さの差を、0.5cm 単位で測定したものである。
圧縮強度試験	• コンクリート打込み日ごと、打込み工区ごと、かつ、150m^3 以下の単位ごとに行い、1 回の試験の供試体数は 3 個、3 回の試験で 1 検査ロットとする。
空気量試験	• 空気量の許容差は± 1.5%である。
塩化物量試験	• 練混ぜ時にコンクリートに含まれる塩化物イオン総量は、原則として 0.3kg/m^3 以下である。

プラスα トルシア形高力ボルトの 1 次締め後に行うマーキングの目的

- ナットの回転量の確認
- 軸回りの有無の確認
- 共回りの有無の確認
- 本締め完了の確認

注意 • 軸力の値は確認できない！

Lesson 06

安全管理（1）

一次

作業主任者の選任

ごめん！
(5m)
明日の組立てと解体の
(足場の組立て、解体)
作業をお願い！
(作業主任者を選任)

高さが5m以上の足場の組立て、解体の作業は、作業主任者の選任を必要とする。

■事業者が行うべき安全管理

- 作業主任者を選任し､作業主任者の氏名等を作業場の見やすい箇所に掲示する。
- 要求性能墜落制止用器具等及びその取付け設備等の異常の有無について、随時点検する。

注意 • 労働者に点検させるのではない！

■特定元方事業者が行うべき安全管理

- 労働災害を防止するための協議組織を設置し、運営する。
- 作業間の連絡及び調整を行う。
- 作業場所を巡視する。
- クレーン等の運転についての合図を統一的に定める。

■作業主任者を選任すべき主な作業

- 土止め支保工の切りばり・腹起しの取付け・取外し作業
- 型枠支保工の組立て・解体作業
- つり足場（ゴンドラのつり足場は除く）・張出し足場・高さ 5m 以上の足場の組立て・解体・変更の作業
- 高さ 5m 以上のコンクリート造の工作物の解体・破壊作業
- ガス溶接作業

注意 • 鉄筋の組立て作業には、作業主任者を選任しなくてよい！

■足場の組立て等作業主任者の職務

- 材料の欠点の有無を点検し、不良品を取り除くこと。
- 器具、工具、要求性能墜落制止用器具及び保護帽の機能を点検し、不良品を取り除くこと。
- 作業方法及び労働者の配置を決定し、作業の進行状況を監視すること。

注意 • 足場の組立図を作成し、材料の注文を行うことは、作業主任者の職務ではない！

■工事現場の安全管理

新規入場者教育	• 作業手順のほかに安全施工サイクルの具体的な内容、作業所の方針などの教育を行う。
安全施工サイクル	• 安全衛生管理を進めるため、毎日、毎週、毎月と一定のパターンで取り組む活動。
危険予知活動	• 作業に伴う危険性・有害性に対し、作業グループが正しい行動を互いに確認し合う活動。
安全朝礼	• 作業が始まる前に作業者を集め、作業手順や心構え、注意点を周知する。

プラスα　労働災害の度数率と強度率

- 度数率… 100 万延べ労働時間当たりの労働災害による死傷者数をもって労働災害の発生頻度を表す。
- 強度率… 1 千延べ実労働時間当たりの労働損失日数で、災害の重さの程度を表す。

Lesson 07

安全管理（2）

一次

作業床の床材の幅

作業は　予鈴がなるまで。
(作業床)　(40cm)

皆さん
(3cm)

スッキリ
(隙間)

片付けしましょう

作業床の床材の幅は 40cm 以上とし、つり足場の場合を除き床材間の隙間《すきま》は 3cm 以下とする。

■公衆災害の防止対策

危害・迷惑	防止対策
掘削による周辺地盤の崩壊	山留めの設置
工事用車両による道路の汚れ	タイヤ洗浄場の設置 注意・沈砂槽の設置ではない！
工具等の落下	水平安全ネット・防護棚（朝顔）の設置
投下物の飛散	ダストシュートの設置
解体工事による粉塵の飛散	散水設備の設置
外壁のはつり工事による騒音	防音シートの設置

■高さが 2m 以上の足場等の安全管理

作業床

作業床の幅	40cm 以上
床材間の隙間	3cm 以下
床材と建地との隙間	12cm 未満
手すりの高さ	85cm 以上

鋼管足場

単管足場	• 脚部には、足場の滑動・沈下を防止するため、ベース金具を用い、かつ、敷板・敷角等を用い、根がらみを設ける。 注意 • 敷角の上に単管パイプを直接乗せるのではない！ • 建地間隔を、けた行き方向 1.85m 以下、はり間方向 1.5m 以下とする。 • 建地の継手は、千鳥となるように配置する。 • 地上第一の布は、高さ 2m 以下の位置に設ける。 • 壁つなぎの間隔は、垂直方向を 5m 以下、水平方向を 5.5m 以下とする。 • 交点の緊結金具は、直交型クランプ・自在型クランプ等を使用する。
枠組足場	• 墜落防止設備として、交さ筋かい及び高さ 15cm 以上の幅木を設置する。 • 最上層及び 5 層ごとに布枠等の水平材を設ける。

通路等

- 屋内に設ける作業場内の通路は、通路面からの高さ 1.8m 以内に障害物がないようにする。
- 登り桟橋の勾配は 30 度以下とし、15 度を超えるものには踏さんを設ける。
- 折りたたみ式の脚立は、脚と水平面との角度を 75 度以下とし、開き止めの金具で止める。
- 作業床の高さが 2m 以上の作業構台を設置する場合は、その作業床の端に手すり及び中さんを設ける。

Lesson 01

建築基準法（1）

一次

確認申請

新生児
（確認申請）

主に
（建築主）

主人にあずける
（建築主事）

建築における確認申請は、建築主が建築主事等に提出する。

■用語の定義

用　語	定義・具体例
建築物	• 土地に定着する工作物のうち、屋根・柱もしくは壁を有するもの • 地下・高架の工作物内に設ける事務所・倉庫等 注意　• 鉄道の線路敷地内の運転保安に関する施設・駅のプラットホームの上家は、建築物ではない！
特殊建築物	• 学校、体育館、病院、劇場、共同住宅、工場、自動車車庫等
建築設備	• 建築物に設ける電気・ガス・水道等の設備、昇降機等
居室	• 作業等の目的のために継続的に使用する室等 注意　• 住宅の洗面所・浴室は、居室ではない！

主要構造部	• 壁、柱、床、はり、屋根、階段 注意 • 建築物の構造上重要でない**間仕切壁・間柱・屋外階段**は、主要構造部ではない！
不燃材料	• ガラス等
耐水材料	• コンクリート、石等
避難階	• 直接地上に通ずる出入口のある階
設計図書	• 建築物に関する工事用の仕様書等

■建築確認手続き等

• 建築確認申請が必要な建築物の工事は、確認済証の交付を受けた後でなければ、することができない。

• 確認済証の交付を受けた**工事の施工者**は、工事現場の見易い場所に、建築確認があった旨の表示をしなければならない。

注意 • **建築主**ではない！

• **建築主**は、建築確認を受けた工事を完了したときは、建築主事または指定確認検査機関の完了検査を申請しなければならない。

注意 • **工事の施工者**ではない！

• 建築主事が工事の完了検査の申請を受理した場合、その受理した日から 7 日以内に、建築主事等による検査をしなければならない。

• 特定行政庁は、**工事の施工者**に対して工事の計画または施工の状況に関する報告を求めることができる。

• 特殊建築物（床面積の合計が 200m^2 超）、木造で階数が 3 以上の建築物、木造以外で階数が 2 以上の建築物の建築主は、原則として、検査済証の交付を受けた後でなければ、当該建築物を使用し、または使用させてはならない。

プラスα 確認申請の適用除外

• 防火地域及び準防火地域外において、増築・改築・移転に係る部分の床面積の合計が 10m^2 以内である場合は、建築確認申請の手続きは必要ない。

Lesson 02

建築基準法（2）

一次

採光のための窓等を設けるもの

去年の今日
（居室）　（教室）

病身の
（病室・寝室）

保育士と
（保育室）

食べた団子
（談話室・娯楽室）

原則として、採光のための窓等を設けなければならないのは、居室、教室、病室、保育所等の保育室、児童福祉施設等の寝室、病院等の談話室・娯楽室などである。

■単体規定

敷地	• 建築物の敷地には、下水管・下水溝・ためますその他これらに類する施設をしなければならない。 • 建築物の敷地は、原則として、これに接する道の境より高くしなければならない。
居室の採光・換気 頻出	• 地階に設ける居室には、採光のための窓その他の開口部を設けなくてもよい。 注意 • 必ず設けなければならないのではない！ • 事務所の事務室には、採光に関する規定が適用されない。 • 居室には、政令で定める技術的基準に従って換気設備を設けた場合、換気のための窓その他の開口部を設けなくてもよい。

	• ふすま、障子その他随時開放することができるもので仕切られた2室は、居室の採光及び換気の規定の適用に当たっては、1室とみなす。
居室の天井の高さ	• 居室の天井の高さは、室の床面から測り、1室で天井の高さの異なる部分がある場合は、その平均の高さによる。 注意 • 最も低いところの高さではない！
居室の床の高さ	• 最下階の居室の床が木造である場合における床の上面の高さは、原則として直下の地面から45cm以上とする。
地階の居室	• 住宅の地階に設ける居室は、防湿の措置その他の事項について衛生上必要な政令で定める技術的基準に適合するものとしなければならない。
階段等 頻出	• 戸建住宅の階段の蹴上げは、23cm以下とする。 • 集会場の客用の屋内階段の幅は、140cm以上とする。 注意 • 120cm以上ではない！ • 回り階段の部分における踏面の寸法は、踏面の狭いほうの端から30cmの位置において測る。 • 階段の幅が3mを超える場合は、原則として、中間に手すりを設けなければならない。 • 階段に代わる傾斜路の勾配は、1/8を超えないものとする。 注意 • 1/6ではない！ • 階段に代わる傾斜路には、原則として、手すりを設けなければならない。
便所	• 下水道法に規定する処理区域内では、便所は、水洗便所としなければならない。

■採光のための窓等

原則として設けなければならないもの	設けなくてよいもの
• 居住のための居室 • 学校の教室 • 病院・診療所の病室 • 保育所・幼保連携型認定こども園の保育室 • 児童福祉施設等の入所者の寝室 • 病院・診療所・児童福祉施設等の入院患者・入所者の談話室・娯楽室　など	• 事務所の事務室 • 学校の職員室 • 病院・診療所の診察室 • 保育園・幼保連携型認定こども園の職員室 • ホテルの客室 • 図書館の閲覧室　など

Lesson 03 建設業法（1）

一次

建設業の許可を必要としない工事

いまなら一式まとめて
（建築一式工事）

1500円！
（1500万円）

バラなら500円だよ
（500万円）

工事1件の請負《うけおい》代金の額が1,500万円に満たない建築一式工事、建築一式工事以外の場合においては500万円に満たない工事のみを請け負う場合は、建設業の許可を必要としない。

■建設業の許可

- 2以上の都道府県の区域内に営業所を設けて建設業を営もうとする者は、**国土交通大臣**の許可を受けなければならない。

注意 ・**特定建設業**の許可を受けなければならないのではない！

- 一の都道府県の区域内にのみ営業所を設けて建設業の許可を受けようとする場合は、当該営業所の所在地を管轄する**都道府県知事**の許可を受けなければならない。
- 建設業の許可は、建設工事の種類ごとに、分けて与えられる。
- 建設業の許可は、5年ごとに更新を受けなければ、その期間の経過によって、その効力が失われる。
- 建築工事業で一般建設業の許可を受けている者が、建築工事業で**特定建設業**の許可を受けた場合、一般建設業の許可は効力を失う。

- 一般建設業と特定建設業の違いは、発注者から直接請け負う建設工事を下請けに出す場合の**下請代金**の額の違いである。

  注意 • 発注者から直接請け負う**請負代金**の額の違いではない！

- 建設業の許可は、一の営業所で、**複数**の種類の建設工事の許可を受けることができる。

  注意 • 一の営業所で、**建築工事業**と**土木工事業**等の許可を受けることができる！

- 建築工事業で**特定建設業**の許可を受けている者は、土木工事業で**一般建設業**の許可を受けることができる。
- 下請負人として建設業を営もうとする者が建設業の許可を受ける場合は、**一般建設業**の許可を受ければよい。
- 工事１件の請負代金の額が **1,500 万円**に満たない建築一式工事のみを請け負う場合は、建設業の許可を必要としない。
- 建築一式工事以外の建設工事にあっては、工事１件の請負代金の額が **500 万円**に満たない工事のみを請け負う場合は、建設業の許可を必要としない。
- 建設業者は、許可を受けた建設業に係る建設工事を請け負う場合においては、当該建設工事に**附帯する他の建設業**に係る建設工事を請け負うことができる。
- 建設業の許可を受けようとする者は、営業所ごとに所定の要件を満たした**専任の技術者**を置かなければならない。

■変更の届出等

変更届出書の提出が必要な場合
• 許可申請書の記載事項に変更があったとき • 営業所の所在地について、同一の都道府県内で変更があったとき • 使用人数に変更を生じたとき • 営業所に置く専任技術者について、代わるべき者があるとき など

プラスα 建設業の種類

- 建設業法に定められている建設業には 29 種類あり、主なものは以下のとおりである。
  ・土木工事業・建築工事業・電気工事業・管工事業・鉄筋工事業・舗装工事業・塗装工事業・造園工事業・電気通信工事業・解体工事業

Lesson 04

建設業法（2）

一次

専任の主任技術者の配置

皇居に大勢集まって
（公共）　（多数が利用）
制限以上になったら
（規定の請負金額以上）
現場の主任は
（現場の主任技術者）
1000 人にしてね
（専任）

公共性のある施設や多数の者が利用する施設に関する重要な工事で、請負代金の額が規定の金額以上になる場合、工事現場ごとに専任の主任技術者を置かなければならない。

■主任技術者・監理技術者の設置

主任技術者	• 建設業者は、その請け負った建設工事を施工するときは、主任技術者を置かなければならない。 ※特定専門工事の下請負人は、一定の要件を満たす場合、主任技術者の配置が不要となる。 • 建築一式工事に関し 10 年以上実務の経験を有する者は、建築一式工事における主任技術者になることができる。
監理技術者	• 発注者から直接建設工事を請け負った特定建設業者は、当該建設工事を施工するために締結した下請契約の請負代金の額が 4,500 万円（建築一式工事は 7,000 万円）以上になる場合は、監理技術者を置かなければならない。

■専任の主任技術者・監理技術者

- 公共性のある施設または共同住宅等多数の者が利用する施設に関する重要な建設工事で、工事1件の請負代金の額が4,000万円（建築一式工事は8,000万円）以上の場合は、主任技術者・監理技術者は、原則として工事現場ごとに、専任の者でなければならない。
- 密接な関係のある2以上の建設工事を、同一の建設業者が同一の場所または近接した場所において施工するときは、同一の専任の主任技術者がこれらの建設工事を管理することができる。

■建設工事の請負契約

- 請負契約の当事者は、各々の対等な立場における合意に基いて公正な契約を締結し、信義に従って誠実に契約を履行しなければならない。
- 元請負人は、自己の取引上の地位を不当に利用して、その注文した建設工事を施工するために通常必要と認められる原価に満たない金額を請負代金の額とする下請契約を締結してはならない。
- 一括下請負の禁止の規定は、元請負人にも下請負人にも適用される。

注意 • 元請負人だけに適用されるのではない！

- 共同住宅の新築工事以外の建設工事を請け負った建設業者は、あらかじめ発注者の書面による承諾を得れば、その工事を一括して他人に請け負わせることができる。

請負契約書の記載事項

- 請負代金の全部または一部の前金払の定めをするときは、その支払いの時期及び方法
- 天災その他不可抗力による工期の変更または損害の負担及びその額の算定方法に関する定め
- 価格等の変動もしくは変更に基づく請負代金の額または工事内容の変更
- 工事の施工により第三者が損害を受けた場合における賠償金の負担に関する定め
- 工事完成後における請負代金の支払いの時期及び方法
- 契約に関する紛争の解決方法　など

注意 • 予定する下請代金の額の総額は記載事項ではない！

Lesson 05

労働基準法

一次

休憩時間

記録を超えたら
(6 時間を超える)

祝杯はしご
(45 分)

やけっぱちなら
(8 時間)

1 軒だけ
(1 時間)

使用者は、労働時間が 6 時間を超える場合は少なくとも 45 分、8 時間を超える場合は少なくとも 1 時間の休憩時間を与えなければならない。

■年少者に関する規定

- 使用者は、満 18 歳に満たない者について、その年齢を証明する戸籍証明書を事業場に備え付けなければならない。
- 親権者・後見人は、未成年者に代わって労働契約を締結してはならない。
  - 注意 代わって締結することができる、代わって締結しなければならないとするのは誤りだ！
- 未成年者は、独立して賃金を請求することができる。
- 親権者・後見人は、未成年者の賃金を代わって受け取ってはならない。
- 使用者は、原則として満 18 歳に満たない者を午後 10 時から午前 5 時までの間において使用してはならない。
- 使用者は、原則として、満 18 歳に満たない者が解雇の日から 14 日以内に帰郷する場合においては、必要な旅費を負担しなければならない。

■労働契約

- 使用者は、労働契約の締結に際し、労働者に対して賃金、労働時間その他の労働条件を明示しなければならない。
- 労働者は、使用者より明示された労働条件が事実と相違する場合においては、即時に労働契約を解除することができる。
- 使用者は、労働契約の不履行について違約金を定め、または損害賠償額を予定する契約をしてはならない。
- 使用者は、労働することを条件とする前貸の債権と賃金を相殺してはならない。

労働契約の締結に際して使用者が労働者に書面で交付すべきもの

- 労働契約の期間に関する事項
- 就業の場所及び従事すべき業務に関する事項
- 賃金の支払いの時期に関する事項
- 退職に関する事項

注意
- 安全及び衛生に関する事項、職業訓練に関する事項、休職に関する事項は書面で交付しなくてもよい！

■労働時間・休憩・休日等

- 使用者は、原則として、労働者に対して、休憩時間を除き、1週間について40時間、1日について8時間を超えて労働させてはならない。
- 使用者は、労働時間が6時間を超える場合においては少くとも45分、8時間を超える場合においては少くとも1時間の休憩時間を労働時間の途中に与えなければならない。
- 使用者は、原則として、労働者に対して、毎週少くとも1回の休日を与えなければならない。
- 使用者は、原則として、労働者に対して、労働者の請求する時季に有給休暇を与えなければならない。

プラスα 重量物を取り扱う業務

- 使用者は、満16歳以上、満18歳未満の男性を、断続作業の場合は30kg以上、継続作業の場合は20kg以上の重量物を取り扱う業務に就かせてはならない。

Lesson 06

労働安全衛生法

一次　二次

総括安全衛生管理者・統括安全衛生責任者

ソースかつ 100 人前
（総括）　（100 人以上）

とんかつ 50 人前
（統括）　（50 人以上）

総括安全衛生管理者は常時 100 人以上、統括安全衛生責任者は常時 50 人以上の事業場に選任。

■安全衛生管理体制

選任すべき者	事業場の規模 （常時就労労働者の最少人員）
総括安全衛生管理者	100 人
統括安全衛生責任者	50 人 （ずい道等・橋梁の建設の仕事、圧気工法による作業を行う仕事は 30 人）
店社安全衛生管理者	50 人 （ずい道等・橋梁の建設の仕事、圧気工法による作業を行う仕事、主要構造部が鉄骨造・鉄骨鉄筋コンクリート造である建築物の建設の仕事は 20 人）

安全管理者 衛生管理者 産業医	50 人
安全衛生推進者 衛生推進者	10 人以上 50 人未満

- 総括安全衛生管理者、安全管理者、衛生管理者、産業医を選任したときは、所轄労働基準監督署長への報告書の提出が必要だが、**安全衛生推進者**等を選任したときは、報告書の提出は必要ない。

■技能講習修了者でなければ就かせてはならない主な業務
（道路上を走行させる運転を除く）

- つり上げ荷重が 1t 以上の移動式クレーンの運転の業務
- 最大荷重が 1t 以上のフォークリフトの運転の業務
- 作業床の高さが 10m 以上の高所作業車の運転の業務
- つり上げ荷重が 1t 以上のクレーン、移動式クレーン、デリックの玉掛けの業務

■特別の教育を必要とする主な危険・有害な業務（道路上を走行させる運転を除く）

- 最大荷重 1t 未満のフォークリフトの運転の業務
- 作業床の高さが 10m 未満の高所作業車の運転の業務
- つり上げ荷重が 1t 未満の移動式クレーンの運転の業務
- 建設用リフトの運転
- つり上げ荷重が 1t 未満のクレーン、移動式クレーン、デリックの玉掛けの業務
- ゴンドラの操作の業務

■労働者の就業に当たっての措置

- 事業者は、労働者を雇い入れたときは、当該労働者に対し、その従事する業務に関する安全または**衛生**のための教育を行わなければならない。
- 事業者は、省令で定める危険または有害な業務に労働者を就かせるときは、原則として、当該業務に関する安全または衛生のための**特別の教育**を行わなければならない。
- 就業制限に係る業務に就くことができる者が当該業務に従事するときは、これに係る免許証その他その資格を**証する書面**を携帯していなければならない。

注意 • 証する書面の写しではない！

Lesson 07

その他の法規

一次

特定建設資材

コンコン鉄ちゃん
（コンクリート、コンクリート＋鉄）

ぼくは　明日来ん
（木材、アスファルト・コンクリート）

「建設リサイクル法」の特定建設資材に該当するのは、コンクリート、コンクリート及び鉄からなる建設資材、木材、アスファルト・コンクリートの４種類である。

■騒音規制法の特定建設作業

- くい打機（もんけんを除く）、くい抜機、くい打くい抜機（圧入式を除く）を使用する作業
  - 注意 • くい打機とアースオーガーを併用する作業は、該当しない！
- さく岩機を使用し作業地点が連続して移動する作業（１日における作業に係る２地点間の最大距離が 50m を超えない作業に限る）
- 原動機の定格出力が 80kW 以上のバックホウを使用する作業（環境大臣が指定するものを除く）
- 原動機の定格出力が 70kW 以上のトラクターショベルを使用する作業（環境大臣が指定するものを除く）
- 原動機の定格出力が 40kW 以上のブルドーザーを使用する作業（環境大臣が指定するものを除く）

■道路の占用許可を必要とする行為

- 道の一部にはみ出して、工事用の仮囲いや足場を設置する。
- 道路の上部にはみ出して、防護棚（朝顔）を設置する。
- 道路の一部を掘削して、下水道本管へ下水道管の接続を行う。
- 工事用電力の引込みのために、仮設電柱を道路に設置する。

注意 • コンクリート打設作業のためにポンプ車を道路上に駐車させる場合は、道路の占用許可を必要としない！

■特定建設資材

- コンクリート
- コンクリート及び鉄からなる建設資材
- 木材
- アスファルト・コンクリート

注意 • せっこうボードやモルタル、アスファルトルーフィング、セメント瓦、粘土瓦は、特定建設資材ではない！

■産業廃棄物

- 紙くず（工作物の新築、改築または除去に伴って生じたものに限る）
- 木くず（工作物の新築、改築または除去に伴って生じたものに限る）
- 繊維くず（工作物の新築、改築または除去に伴って生じたものに限る）
- ゴムくず
- 金属くず
- ガラス、コンクリートくず（工作物の新築、改築または除去に伴って生じたものを除く）、陶磁器くず
- 汚泥（事業活動に伴って生じたものに限る）

注意 • 建設発生土は、産業廃棄物ではない！

プラスα　消防法に規定されている資格

- 防火管理者　• 防火対象物点検資格者　• 危険物保安監督者
- 危険物取扱者　• 消防設備士

注意 • 特定高圧ガス取扱主任者は、消防法に規定されている資格ではない！

覚えておきたい数値

■躯体施工

木造在来軸組構法	• 圧縮力を負担する木材の筋かい： 厚さ 3 cm 以上・幅 9 cm 以上
鉄筋コンクリート構造	• 柱の主筋の断面積の和： コンクリートの断面積の 0.8 %以上 • 柱の帯筋比：0.2 %以上
鋼の一般的な性質	• 引張強さ：250 ～ 300 ℃程度で最大 • ヤング係数：約 2.05×10^5 N/mm^2
標準貫入試験	• ハンマー：63.5 kg • 本打ち：ハンマーを 760 mm の高さから自由落下 • *N* 値：本打ち 300 mm に要する打撃回数
コンクリートの調合	• 塩化物量：塩化物イオン量で 0.30 kg/m^3 以下 • 単位水量の最大値：185 kg/m^3
鉄骨の加工	• 加熱曲げ加工温度：850 ～ 900 ℃（赤熱状態）

■仕上施工

アスファルト防水工事	• 平場のアスファルトルーフィングの重ね幅： 長手・幅方向とも 100 mm 以上 • 平場ルーフィングと立上りルーフィングとの重ね幅： 150 mm 以上
床タイル圧着張り	• 張付けモルタルの 1 回の塗布面積： タイル工 1 人当たり 2 m^2 以内
軽量鉄骨天井下地	• 屋内の野縁間隔：下地張りあり 360 mm 程度 下地張りなし 300 mm 程度
鋼製建具	• 建具枠の取付け精度：対角寸法差 3 mm 以内
カーテン工事	• カーテンレールがダブル付けのカーテンボックスの奥行き寸法：150 ～ 180 mm 程度 • ランナーの数：1 m 当たり 8 個

スピード攻略！
2 級建築施工管理技術検定
集中レッスン

第❷部
過去問編

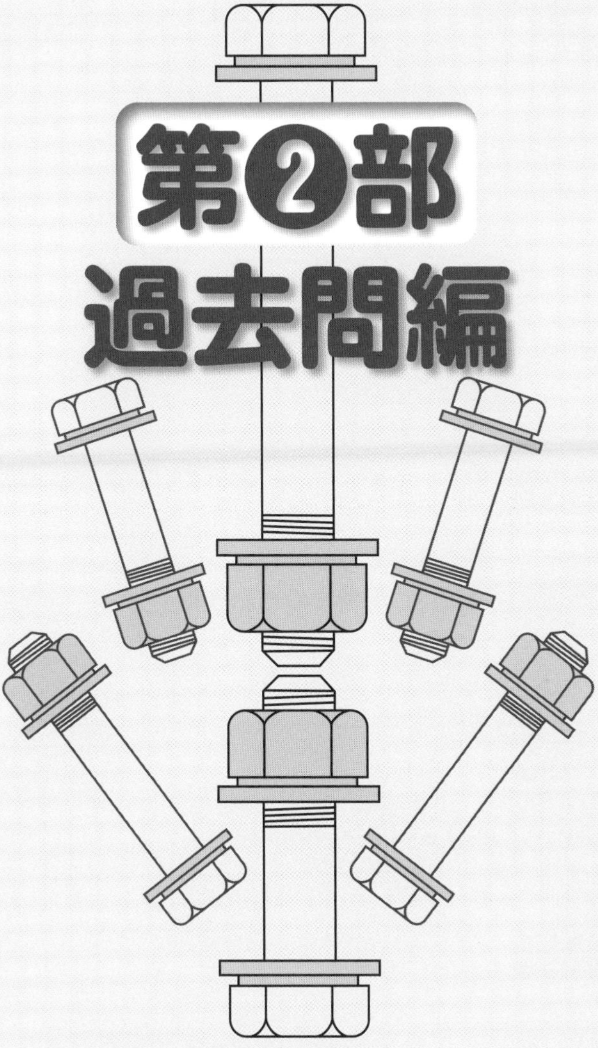

こんなひっかけ問題に注意！

【建築学】

1　人工光源は、色温度が高くなるほど~~赤み~~がかった光色となる。

↓

青み

ここも押さえる

- 色温度とは、光源が発する光の色を表す尺度で、色温度が低いほど暖色系、高いほど寒色系の色となる。

2　北緯 35 度付近における冬至の終日日射量は、南向き鉛直面が他のどの向きの鉛直面よりも~~小さい~~。

↓

大きい

ここも押さえる

- 南向き鉛直面の終日日射量は、冬に多く、夏は少ない。

3　~~機械換気方式~~には、屋外の風圧力を利用するものと室内外の温度差による空気の密度の違いを利用するものがある。

↓

自然換気方式

ここも押さえる

- 屋外の風圧力を利用するものを風力換気、室内外の温度差を利用するものを重力換気という。

4　換気回数とは、1時間当たりの換気量を~~室面積~~で除した値である。

↓

室容積

ここも押さえる

- 換気量が一定の場合、室容積が大きいほど、必要な換気回数は少なくなる。

5　純色とは、各色相の中で最も~~明度~~の高い色をいう。

↓

彩度

ここも押さえる

- 彩度は、色のあざやかさを示し、明度は、色の明暗の段階をいう。

6　補色を並べると、~~同化し~~、互いにあざやかさが~~失われて~~見える。

違いが際立ち　　増して

ここも押さえる

- 補色とは、色相環の反対側にある色のことをいう。近い色同士を並べると、同化してあざやかさが失われる。

7　色の膨張や収縮の感覚は、一般に明度が~~低い~~色ほど膨張して見える。

高い

ここも押さえる

- 一般に明るい色ほど膨張して見える。

8　単層壁の透過損失は、同じ材料の場合、厚さが厚いものほど~~小さく~~なる。

大きく

ここも押さえる

- 透過損失とは、一般に壁体の遮音性を示すために用いられる。

9　露点温度とは、~~絶対湿度~~が 100％になる温度である。

↓

相対湿度

ここも押さえる

- 絶対湿度とは、湿り空気に含まれる水蒸気の質量を、乾き空気 1kg に対する量として表す。

10　木造在来軸組構法における筋かいの端部は、柱と梁その他の横架材との仕口に~~近付けず~~、くぎ等の金物で緊結する。

↓

近付け

ここも押さえる

- また、筋かいをたすき掛けにするため、やむを得ず筋かいを欠き込む場合は、必要な補強を行う。

11　木造在来軸組構法における~~胴差~~は、垂木を直接受けて屋根荷重を柱に伝えるために用いられる。

↓

桁

ここも押さえる

- 胴差は、2 階以上の床の位置で柱を相互につなぐ横架材である。

12　鉄筋コンクリート構造において、コンクリートの設計基準強度が高くなると、鉄筋のコンクリートに対する許容付着応力度は~~低く~~なる。

高く

ここも押さえる

- コンクリートに対する鉄筋の許容付着応力度とは、コンクリートと鉄筋がどれだけ一体化して応力に耐えることができるかを表す。

13　鉄筋コンクリート構造において、腰壁や垂れ壁が付いた柱は、地震時にせん断破壊を起こし~~にくい~~。

やすい

ここも押さえる

- 柱のせん断補強筋は、柱の中央部より上下端部の間隔を密にする。

14　鋼材は強くて粘りがあるため、鉄骨構造は、鉄筋コンクリート構造に比べ、変形能力が~~小さい~~。

大きい

ここも押さえる

- また、鉄筋コンクリート構造に比べ、軽量化が図れる、大スパンの建築物が可能であるなどの長所がある。

15　鉄骨構造の接合において、隅肉溶接の有効長さは、隅肉溶接の~~始端から終端までの~~長さである。

↓

全長からサイズの2倍を差し引いた

ここも押さえる

- また、隅肉溶接の有効のど厚は、サイズの0.7倍である。

16　鉄骨構造の接合において、溶接と高力ボルトを併用する継手で、~~溶接を先に行う~~場合は両方の許容耐力を加算してよい。

↓

高力ボルトを先に締め付ける

ここも押さえる

- 溶接を先に行う場合には、すべての力を溶接で負担しなければならない。

17　直接基礎の鉛直支持力は、基礎スラブの根入れ深さが深くなるほど~~小さく~~なる。

↓

大きく

ここも押さえる

- 直接基礎は、基礎スラブの形式によって、フーチング基礎とべた基礎に大別される。

18　~~洪積層~~より~~沖積層~~の方が、建築物の支持地盤として適している。

沖積層　洪積層

ここも押さえる

- 沖積層は洪積層より後に堆積した地層である。

19　物体に外力を加えて変形した後に、外力を除いても、変形が残る性質を~~弾性~~という。

塑性

ここも押さえる

- 弾性とは、物体に外力を加えて変形した後に、外力を除くと、元に戻ろうとする性質をいう。

20　弾性体の応力度σとひずみ度εとの比（σ / ε）を~~ポアソン比~~という。

ヤング係数

ここも押さえる

- ポアソン比とは、横ひずみと縦ひずみの比である。

21　引張応力度の算定には、~~断面二次モーメント~~を用いる。

↓

断面積

ここも押さえる

- 引張応力度は、引張力を断面積で除して求める。

22　木材の辺材部分は、心材部分に比べて乾燥にともなう収縮が~~小さい~~。

↓

大きい

ここも押さえる

- 心材は、辺材に比べて耐久性が大きく、腐朽菌や虫害に対する抵抗も高い。

23　集成材は、ひき板や小角材などを繊維方向が互いに~~直角~~となるように集成接着したものである。

↓

平行

ここも押さえる

- 合板は、切削した単板３枚以上を主としてその繊維方向を互いにほぼ直角にして接着したものである。

24　セメントの粉末が微細なほど、コンクリートの強度発現は~~遅く~~なる。

速く

ここも押さえる

- セメント粒子の細かさを示す値を比表面積といい、値が大きいほど細かく、早期強度が得られる。

25　コンクリートの耐久性は、水セメント比が~~大きい~~ほど向上する。

小さい

ここも押さえる

- コンクリートを劣化要因から守るには、一般に水セメント比を小さくする。

26　素地は、タイルの主体をなす部分をいい、施ゆうタイルの場合、表面に施したうわぐすりを~~含む~~。

含まない

ここも押さえる

- うわぐすりの有無によるタイルの種類には、施ゆうと無ゆうがある。

27　砂付あなあきアスファルトルーフィングは、防水層と下地との~~密着工法~~に用いるルーフィングである。

絶縁工法

ここも押さえる

- また、アスファルトプライマーは、下地と防水層の接着性を向上させるために用いられる。

28　変成シリコーン系シーリング材は、耐熱性及び耐寒性が良好で、ガラス越しの耐光接着性に~~優れて~~いる。

劣って

ここも押さえる

- また、アクリルウレタン系、ポリウレタン系のシーリング材も、ガラス越し耐光接着性に劣っている。

29　強化せっこうボードは、芯のせっこうに~~有機質~~繊維を混入した上で油脂をしみ込ませ、強度を向上させたものである。

無機質

ここも押さえる

- 強化せっこうボードは、芯材にガラス繊維などを混入し、耐火性能を向上させたものである。

こんなひっかけ問題に注意！

【建築基礎】

1　アスファルト舗装工事において、プライムコートは、~~路床~~の仕上がり面を保護し、~~路床~~と路盤との接着性を向上させる役割を持っている。

基層　　路盤

ここも押さえる

- 一方、タックコートは、基層と表層の接着性を高めるために使用される。

2　~~レベル~~は、平板測量に用いられる機器である。

アリダード

ここも押さえる

- レベルは、直接水準測量に用いられる機器である。

3　~~漏電遮断器~~は、屋内配線の短絡や過負荷などの際に、回路を遮断するための装置である。

↓

過電流遮断器

ここも押さえる

- 漏電遮断器は、漏電時に回路を遮断する装置である。

4　~~非常警報設備の非常ベル~~は、火災発生時に煙または熱を感知し、自動的にベルが鳴る警報設備である。

↓

警報設備の自動火災報知設備

ここも押さえる

- 非常ベルは、自動火災報知設備に連動、または人が操作することで災害の発生を知らせる非常警報設備である。

5　ヒートポンプは、~~給水設備~~に関連するものである。

↓

空気調和設備

ここも押さえる

- ヒートポンプは、凝縮器の放熱作用を暖房や加熱に利用する装置である。

6　ファンコイルユニット方式は、各ユニットごとの温度調節~~はできない~~。

が容易である

ここも押さえる

- ファンコイルユニット方式は、各室にファンコイルを設置するため、個別制御が容易だが、保守管理に人手を要する。

7　~~水道直結直圧方式~~は、水道本管から分岐した水道引き込み管に増圧給水装置を直結し、建物各所に給水する方式である。

水道直結増圧方式

ここも押さえる

- 水道直結直圧方式は、水道本管から給水管を引き込み、水道の圧力を利用して直接各水栓に給水する方式である。

8　遠心力鉄筋コンクリート管のソケット管は、受口を~~下流~~に向けて敷設した。

上流

ここも押さえる

- 遠心力鉄筋コンクリート管のソケット管の継手は、ゴム接合とする。

第２部 過去問編

こんなひっかけ問題に注意！

【躯体施工】

1　標準貫入試験において、本打ちの貫入量 ~~200~~ mm に対する打撃回数が 30 回であったので、その深さの *N* 値を 30 とした。

↓ 300

ここも押さえる

- 標準貫入試験では、サンプラーを 300mm 打ち込むのに要する打撃回数を測定する。

2　平板載荷試験で求められる支持力特性は、載荷板直径の ~~5~~ 倍程度の深さの地盤が対象となる。

↓ 1.5 ～ 2

ここも押さえる

- 平板載荷試験では、載荷面から載荷板直径の 1.5 ～ 2 倍の深さまでの支持力を調べることができる。

3　2階より上階における~~高さの基準墨~~は、墨の引通しにより、順次下階の墨を上げた。

地墨

ここも押さえる

- 墨の引通しにより、順次下階の墨を上げるのは地墨である。高さの基準墨（陸墨）は、スチールテープで1階の基準高さから出す。

4　埋戻し土に砂質土を用いるため、粒度試験を行い均等係数が~~小さい~~ものを使用した。

大きい

ここも押さえる

- 均等係数は、1に近いほど粒がそろっていて、10～20程度で粒度分布がよいとされる。

5　床付け面付近の掘削は、地盤を乱さないよう機械を~~前進~~させながら施工した。

後退

ここも押さえる

- 掘削機械による床付けにおいては、床付け面の近くでショベルの刃を平状のものに替えて行う。

6　山留め工事におけるトレンチカット工法は、根切り部分が~~狭い~~場合に有効である。

広くて浅い

ここも押さえる

- アイランド工法も、根切り部分が広くて浅い場合に適している。

7　山留め工事におけるアイランド工法は、水平切梁工法に比べ、切梁の長さが~~長く~~なる。

短く

ここも押さえる

- アイランド工法においては、中央部の切梁が不要となる。

8　親杭横矢板工法では、プレボーリングにより親杭を設置するので、受働抵抗を十分に発揮させるために杭の根入れ部分は~~良質土で充填~~した。

根固め液を注入

ここも押さえる

- 親杭横矢板工法では、根入れ部分の連続性がなく、受働抵抗面積が小さくなる。

9　土間コンクリートに設ける防湿層のポリエチレンフィルムは、~~砂利地業~~の直下に敷き込んだ。

土間コンクリート・断熱材

ここも押さえる

- 防湿層のポリエチレンフィルムは、砂利地業の上に敷き、その上にコンクリートを打設する。断熱材がある場合は、断熱材の直下に敷く。

10　砂利地業に用いる再生砕石は、コンクリート塊を破砕したものであり、品質のばらつきが~~少ない~~。

大きい

ここも押さえる

- 砂利地業に使用する砂利は、粒径のそろった砂利よりも砂が混じった切込み砂利などを用いる。

11　場所打ちコンクリート杭のアースドリル工法において、鉄筋かごのかぶり厚さを確保するためのスペーサーは、~~D13 の鉄筋~~を用いた。

鋼板

ここも押さえる

- 鉄筋かごのスペーサーに D13 以上の鉄筋を用いるのは、オールケーシング工法である。

12　柱の最小かぶり厚さは、~~柱主筋~~の外側表面から確保する。

↓

帯筋

ここも押さえる

- 梁の最小かぶり厚さは、あばら筋の外側表面から確保する。

13　柱頭及び柱脚のスパイラル筋の端部は、~~40d（dは異形鉄筋の呼び名の数値または鉄筋径）~~の定着をとる。

↓

1.5巻以上の添巻き

ここも押さえる

- スパイラル筋の中間部の重ね継手部は、**50d**の重ね長さをとる。

14　鉄筋のガス圧接において、手動ガス圧接の場合、~~鉄筋径程度~~の範囲を揺動加熱する。

↓

鉄筋径の２倍程度

ここも押さえる

- 手動ガス圧接技量資格者の圧接作業可能範囲は、鉄筋の種類及び鉄筋径によって区分されている。

15　鉄筋の加工及び組立てにおいて、~~鉄筋間隔~~の最小値は、呼び名の数値の 1.5 倍、粗骨材最大寸法の 1.25 倍、25mm のうち、最も大きい数値とした。

↓

鉄筋相互のあき

ここも押さえる

- 鉄筋間隔とは、隣り合う鉄筋の中心間距離をいう。

16　打放し仕上げとなる外壁コンクリートの型枠に使用するセパレータは、コーンを~~取り付けない~~ものを用いた。

↓

取り付けた

ここも押さえる

- コンクリート面に直接塗装仕上げを行う場合も、コーン付きセパレータを使用する。

17　型枠の加工及び組立てにおいて、梁の側型枠の寸法をスラブ下の~~梁せい~~とし、取り付く底型枠の寸法は梁幅で加工した。

↘

梁せいより下

ここも押さえる

- フラットデッキ（床型枠用鋼製デッキプレート）を受ける梁の側型枠は、縦桟木で補強する。

18　型枠の存置期間について、せき板を取り外すことができるコンクリートの圧縮強度は、梁下と梁側とでは~~同じである~~。

↓

異なる

ここも押さえる

- せき板を取り外すことができるコンクリートの圧縮強度は、梁下ではコンクリートの設計基準強度の50％以上、梁側では5N/mm^{2}以上である。

19　コンクリートの調合において、細骨材率が~~小さ~~すぎると、所定のスランプを得るための単位水量を多く必要とする。

↓

大き

ここも押さえる

- 細骨材率が大きすぎると、流動性の悪いコンクリートとなる。

20　コンクリート工事において、外気温が25℃を超えるので、コンクリートの練混ぜ開始から打込み終了までの時間の限度は、~~120分~~とした。

↓

90分

ここも押さえる

- 外気温が25℃以下の場合は、120分を限度とする。

21　コンクリートの養生において、コンクリート打込み後の養生温度が高いほど、長期材齢における強度増進が~~大きく~~なる。

↓

小さく

ここも押さえる

- また、初期の湿潤養生の期間が短いほど、コンクリートの中性化が早く進行する。

22　コンクリートの養生において、寒中コンクリート工事における加熱養生中は、コンクリートの湿潤養生を行う~~必要はない~~。

↓

必要がある

ここも押さえる

- 寒中コンクリート工事における加熱養生については、コンクリートが均等に加熱され、急激に乾燥しないようにする。

23　型枠支保工において、軽量型支保梁~~を受ける梁型枠の支柱は、梁型枠下の中央に1列で設置した~~。

↓

は両端部の支持により受けた

ここも押さえる

- 軽量型支保梁は、中間部の支柱を必要としない。

24　高力ボルト摩擦接合において、ボルトの締付けは、ボルト群ごとに継手の~~周辺より中央~~に向かう順序で行った。

↓

中央より周辺

ここも押さえる

- ボルトの締付けは、一次締め、マーキング、本締めの順序で行う。

25　鉄骨製作工場における錆止め塗装において、工事現場溶接を行う箇所は、~~開先面のみ~~塗装を行わなかった。

↓

溶接を行う部分の両側 100mm 程度の範囲には

ここも押さえる

- 素地調整を行った鉄鋼面は、速やかに錆止め塗装を行う。

26　鉄骨の加工において、曲げ加工を加熱加工とする場合は、~~赤熱状態~~で行ってはならない。

↓

青熱ぜい性域

ここも押さえる

- 鉄骨の曲げ加工は、通常、赤熱状態（850 ～ 900℃）で行い、青熱ぜい性域（200 ～ 400℃）での曲げ加工は絶対に避ける。

27　鉄骨の建方において、溶接継手におけるエレクションピースに使用する仮ボルトには、~~普通ボルト~~を使用して全数締め付ける。

↓

高力ボルト

ここも押さえる

- エレクションピースとは、溶接接合する上下の柱を仮固定するための部材である。

28　在来軸組構法の木工事において、火打梁は、柱と梁との~~鉛直~~構面の隅角部に斜めに入れた。

↓

水平

ここも押さえる

- 在来軸組構法の建方は、建入れ直し完了後、接合金物を締め付けるとともに、本筋かい、火打梁を固定する。

29　木造建築物の分別解体において、外壁の断熱材として使用されているグラスウールは、~~細断しながら~~取り外した。

↓

細断せずに

ここも押さえる

- 天井、床、外壁等に断熱材として使用されているグラスウールは、可能な限り原形のまま取り外す。

30　屋根のALCパネルは、表裏を確認し、~~短辺~~は突合せとし、~~長辺~~は20mm程度の目地を設けて敷き込んだ。

長辺　短辺

ここも押さえる

- 屋根パネルの両端の支持部材へのかかりしろは、支点間距離の1/75以上かつ40mm以上とする。

31　現場打ち鉄筋コンクリート耐震壁を増設する耐震改修工事において、増設壁のコンクリートの打込みを圧入工法としたので、オーバーフロー管の流出先の高さは、既存梁の下端より~~低く~~した。

高く

ここも押さえる

- 流込み工法の場合は、増設壁コンクリート上端と既存梁下とのすき間にグラウト材を注入する。

32　バックホウによる足元の掘削は、法肩崩壊時の危険回避のため、クローラ~~横~~向き掘削で行う。

縦

ここも押さえる

- 足元の掘削は、法肩崩壊時の危険回避のため、掘削面にクローラの走行方向を直角に合わせて掘削する。

こんなひっかけ問題に注意！

【仕上施工】

1　屋上アスファルト防水工事において、平場のストレッチルーフィングの流張りは、ルーフィングの両端からアスファルトが~~はみ出さないよう~~に押し付けながら張り付けた。

↓ あふれ出るよう

ここも押さえる

- 保護コンクリートの伸縮調整目地の深さは、保護コンクリートの厚さの全部とする。「半分」とするひっかけに注意！

2　加硫ゴム系シート防水接着工法において、平場と立上りとのシートの接合部は、重ね幅を ~~100~~ mm 以上とする。

↓ 150

ここも押さえる

- 平場でのシートの重ね幅は、幅方向、長手方向とも 100mm 以上とする。

3　塩化ビニル樹脂系シート防水接着工法において、エポキシ樹脂系接着剤を用いてシートを張り付ける場合は、~~下地面とシート裏面~~に接着剤を塗布する。

↓

下地面のみ

ここも押さえる

- 合成ゴム系の接着剤は、下地面とシート裏面に塗布する。

4　ウレタンゴム系塗膜防水において、~~補強布~~の張付けは、突付け張りとする。

↓

通気緩衝シート

ここも押さえる

- 補強布は下地の補強などに用い、重ね幅を 50mm 以上とする。

5　シーリング工事において、裏面に接着剤が付いているバックアップ材は、目地幅より~~大きい幅~~のものとした。

↓

1mm 程度小さい幅

ここも押さえる

- 裏面に接着剤の付いていないバックアップ材は、目地幅より2mm 程度大きいものとする。

6　内壁空積工法による張り石工事において、一般部の石材は、~~縦~~目地あいばにだぼ及び引き金物を用いて据え付けた。

↓

横

ここも押さえる

- 引き金物と下地の緊結部分は、取付け用モルタルを充填し被覆する。

7　壁のタイル張り工事の改良圧着張りにおいて、張付けモルタルの1回に塗り付ける面積は、~~90~~分以内にタイルを張り終える面積とした。

↓

60

ここも押さえる

- また、改良圧着張りにおいて、タイル工1人当たりの1回に塗り付ける面積は、2m^2以内とする。

8　ステンレスの表面に腐食溶解処理して模様を付けたものを、~~エンボス仕上げ~~という。

↓

エッチング仕上げ

ここも押さえる

- エンボス仕上げとは、表面に機械的に凹凸の浮出し模様を付ける仕上げである。

9　軽量鉄骨壁下地のスペーサーは、スタッドの建込みの~~後~~に取り付けた。

↓

前

ここも押さえる

- スタッドには、ねじれ防止のために、スペーサーを間隔 600 mm 程度に取り付ける。

10　屋内天井のアルミモールディングの取付け下地は、軽量鉄骨天井下地とし、野縁の間隔を ~~450~~ mm とした。

↓

360 または 300

ここも押さえる

- 屋内の野縁の間隔は、下地張りがある場合は 360 mm 程度、下地張りがない場合は 300 mm 程度とする。

11　アルミニウム製笠木は、~~直線~~部材を~~コーナー~~部材より先に取り付けた。

↓　↓

コーナー　直線

ここも押さえる

- アルミニウム製笠木の天端の水勾配は、内側が低くなるように取り付ける。

12　硬質塩化ビニル雨どいの工事において、軒どいは、両端を集水器に~~接着剤を用いて堅固に~~取り付けた。

↓

伸縮を吸収するように

ここも押さえる

- 軒どいは、1本の長さを10 m以内とし、伸縮をあんこう、または集水器部分で吸収するようにする。

13　金属製折板葺屋根工事において、タイトフレームと下地材との接合は、~~スポット溶接~~とする。

↓

隅肉溶接

ここも押さえる

- タイトフレームの取付けにワンサイドボルトを用いるとするひっかけ問題もある。気をつけよう！

14　コンクリート壁下地のセメントモルタル塗りにおいて、上塗りの塗り厚を均一にするため、~~中塗り~~後、むら直しを行った。

↓

下塗り

ここも押さえる

- 壁塗りの順序は、下塗り→むら直し→中塗り→上塗りである。

15　セルフレベリング材塗りにおいて、セルフレベリング材の流し込みは、吸水調整材塗布後、~~直ちに~~行った。

↓

十分乾燥させてから

ここも押さえる

- セルフレベリング材は、放置しても平滑に仕上がるので、流し込み作業後に表面を金ごて等で仕上げる必要はない。

16　せっこうプラスター塗りにおいて、強度を高めるため、せっこうプラスターにセメントを~~混入した~~。

↓

絶対に混入してはならない

ここも押さえる

- せっこうプラスターに、種類の違うプラスターやセメントなどを混入すると、硬化時間や強度に影響するため、絶対に避ける。

17　シーリング面への仕上塗材仕上げは、シーリング材の硬化~~前~~に行った。

↓

後

ここも押さえる

- 複層仕上塗材の仕上げ形状を凹凸状とする場合は、ローラー塗りではなく吹付け工法とする。

18　鋼製建具の建具枠の取付けにおいて、枠の取付け精度を対角寸法差 ~~5 mm~~ とした。

3 mm 以内

ここも押さえる

- 枠のつなぎ補強板は、両端から逃げた位置から間隔 600 mm 以下に取り付ける。

19　~~ピボットヒンジ~~は、床に埋め込まれる扉の自閉金物で、自閉速度を調整できる。

フロアヒンジ

ここも押さえる

- ピボットヒンジは、扉の上端・下端に取り付け、上下の軸を支点に開閉する。

20　アルミニウム製建具の建具取付用アンカーは、枠の隅より ~~250~~ mm を端とし、中間は ~~600~~ mm 内外の間隔とした。

500　　150

ここも押さえる

- 外部建具枠回りに充填するモルタルには、NaCl 換算 0.04％以下（質量比）まで除塩した海砂を使用する。

21　ガラス工事において、ガラスの固定にシーリング材を使用するため、セッティングブロックは、ガラス下辺の~~両角の下~~に設置した。

↓

両角よりガラスの横幅寸法のおよそ 1/4 の箇所

ここも押さえる

- 複層ガラスの取付けには、止水性に劣るグレイジングチャンネルは用いない。

22　塗装の素地ごしらえにおいて、モルタル面の吸込止めは、~~パテかいを行った後に、シーラーを全面に塗り付けた~~。

↓

シーラーを全面に塗り付けた後にパテかいを行う

ここも押さえる

- 鉄鋼面に付着した機械油の除去は、石油系溶剤を用いて行う。アルカリ性溶液とするひっかけ問題に注意！

23　塗装工事において、強溶剤系の塗料をローラーブラシ塗りとするため、~~モヘア~~のローラーブラシを用いた。

↓

ウール

ここも押さえる

- エアスプレーによる吹付け塗りは、スプレーガンの空気圧が低過ぎると噴霧が粗く、塗り面がゆず肌状になる。高過ぎるとではないので注意！

24　塗装工事において、木部のクリヤラッカー塗りの下塗りは、~~ジンクリッチプライマー~~を用いた。

↓

ウッドシーラー

ここも押さえる

- クリヤラッカー塗りにおける着色は、下塗りのウッドシーラー塗布前に着色する。

25　壁のせっこう系直張り用接着材の 1 回の練混ぜ量は、~~2 時間~~で使い切る量とした。

↓

1 時間

ここも押さえる

- せっこう系直張り用接着材の盛上げ高さは、接着するボードの仕上がり面までの高さの 2 倍以上とする。

26　壁紙張りにおいて、下地のせっこうボード面にシーラーを全面に塗布したため、壁紙のジョイントは、下敷きを~~用いないで~~重ね切りした。

↓

用いて

ここも押さえる

- 壁紙のジョイントは、できるだけ突付け張りとし、やむを得ず重ね切りする場合は、下敷きを当てて行う。

27　床のフローリング張りにおいて、体育館の壁とフローリングボードの取合いは、~~すき間が生じないように突き付けた~~。

↓

20 ～ 30 mm のすき間を設ける

ここも押さえる

- フローリングボードに生じた目違いは、サンダー掛けにより平滑にする。パテかいによるのではないので注意！

28　ビニル床シート張りにおいて、熱溶接工法における溶接継目の余盛りは、~~溶接直後~~に削り取った。

↓

溶接部が完全に冷却した後

ここも押さえる

- 溶接部のシートの溝部分と溶接棒は、180 ～ 200 ℃の熱風で加熱溶融する。

29　ウレタン樹脂系塗床材の 2 層目の塗重ねは、先に塗った層が~~完全に硬化してから~~行った。

↓

硬化する前に

ここも押さえる

- 樹脂モルタルのベースコートの練混ぜにおいては、主剤と硬化剤を十分に攪拌した後、骨材を最後に加える。主剤・硬化剤・骨材を同時に投入して練り混ぜるのではない。

30　カーテン工事において、カーテンレールがダブル付けのカーテンボックスの奥行き寸法は、~~100 mm~~ とした。

150 ～ 180 mm 程度

ここも押さえる

- レースカーテンの上端の縁加工は、カーテン心地を入れて袋縫いとする。

31　内装木工事において、かもいの溝じゃくりは~~木裏側~~に行い、溝幅は 21 mm、深さを 15 mm とした。

木表側

ここも押さえる

- 和室のかもいの取付けは、一方を横ほぞ入れ、他方を上端 2 箇所釘打ちとする。

32　事務室用フリーアクセスフロアの床パネル取付け後の水平精度は、隣接する床パネルどうしの高さの差を ~~2 mm 以下~~とした。

± 0.5 mm 以内

ここも押さえる

- 床パネルの各辺の長さが 500mm 以下のときは、幅及び長さの寸法精度は、± 0.5 mm 以内とする。

33　外壁の押出成形セメント板張りにおいて、工事現場でのパネルへの取付けボルトの孔あけは、~~振動ドリル~~を用いて行った。

↓

回転ドリル

ここも押さえる

- また、横張り工法の目地幅は、横目地よりも縦目地のほうを大きくする。

34　ALC パネル工事において、外壁の縦壁ロッキング構法におけるパネル間の縦目地は、~~3 面~~接着のシーリングとする。

↓

2 面

ここも押さえる

- 外壁パネルと間仕切りパネルの取合い部は、200mm 程度の伸縮目地を設ける。

35　~~タイルの浮き~~の改修には、U カットシール材充填工法を用いる。

↘

外壁のひび割れ

ここも押さえる

- タイル陶片の浮きには、注入口付アンカーピンニングエポキシ樹脂注入タイル固定工法を用いる。

こんなひっかけ問題に注意！

【施工管理法】

1　工事契約後に現場で行う事前調査及び確認において、防護棚を設置するため、~~敷地地盤の高低及び地中埋設配管の状況~~を調査することとした。

↓

敷地周辺の状況

ここも押さえる

- 防護棚（朝顔）は、落下物防止のために足場に設けるもので、敷地地盤の高低及び地中埋設配管の調査は必要ない。道路にはみ出す場合は、道路占用許可が必要となる。

2　延べ面積が 10 m^2 を超える建築物を除却するため、建築物除却届を~~労働基準監督署長~~に提出した。

↓

都道府県知事

ここも押さえる

- 延べ面積 10 m^2 を超える建築物の建築工事届も、都道府県知事に提出する。

3　仮設計画において、鋼板製仮囲いの下端には、雨水が~~流れ出やすいようにすき間を設ける~~こととした。

↓

流れ出ないようにすき間をあけない

ここも押さえる

- 仮囲いの表面材と地盤面とのすき間は、必ず塞ぐこととされている。

4　仮設計画において、工事ゲートの有効高さは、鉄筋コンクリート造の工事のため、~~最大積載時~~の生コン車の高さとすることとした。

↓

空荷時

ここも押さえる

- ハンガー式門扉は、重量と風圧を軽減するため、上部を網状の構造とする。

5　工事現場における材料の保管において、ロール状に巻いたカーペットは、屋内の乾燥した場所に、~~縦置き~~にして保管する。

↓

横置き

ここも押さえる

- ロール状に巻いた壁紙は、縦置きとする。

6　工事現場における材料等の保管において、アルミニウム製建具は、~~床に角材を敷き、平積み~~にして保管する。

縦置き

ここも押さえる

- 鉄筋を保管する場合は、直接地面に接しないように角材等の上に置く。

7　工程計画において、山積工程表における山崩しは、~~工期短縮~~のために用いられる。

平準化

ここも押さえる

- 山積工程表における山崩しは、作業員や資機材等の投入量が一定量を超えないように平準化させることをいう。

8　バーチャート工程表では、各作業の順序関係を、明確に把握することが~~できる~~。

できない

ここも押さえる

- バーチャート工程表で明確に把握することができるのは、各作業に必要な日数である。

9　バーチャート工程表は、工事を構成する各作業を縦軸に記載し、~~工事の達成度~~を横軸にして表す。

↓

各工事日数

ここも押さえる

- バーチャート工程表では、各作業の全体工期への影響度や、工程上のキーポイント、重点管理しなければならない作業が判断しにくい。

10　既製コンクリート杭地業工事において、埋込み杭の根固め液の管理のため、~~針入度試験~~を行った。

↓

圧縮強度試験

ここも押さえる

- 針入度試験は、アスファルトの硬さを調べる試験である。

11　内装工事に用いる木材の含水率の測定には、~~pH コンパレーター~~を用いた。

↓

電気抵抗式水分計

ここも押さえる

- pH コンパレーターは、下地モルタル面のアルカリ度を測るために用いる。

12　スランプの測定値は、スランプコーンを引き上げた後の、~~平板からコンクリート最頂部までの高さ~~とした。

↓

コンクリートの最頂部の高さと、
スランプコーン引上げ前の高さとの差

ここも押さえる

- スランプ試験は、0.5 cm 単位で測定する。

13　トルシア形高力ボルトの 1 次締め後に行うマーキングでは、マークのずれによって、軸力の値が確認~~できる~~。

↓

できない

ここも押さえる

- マーキングの目的は、ナットの回転量の確認、軸回りの有無の確認、共回りの有無の確認、本締めの完了の確認である。

14　鉄筋の組立ての作業は、作業主任者を選任すべき作業として、「労働安全衛生法」上、定められて~~いる~~。

↓

いない

ここも押さえる

- 鉄筋の組立てや、ALC パネルの建込みの作業には、作業主任者を選任する必要はない。

第2部 過去問編

こんなひっかけ問題に注意！

【法規】

1　~~工事施工者~~は、建築物の工事を完了したときは、建築主事または指定確認検査機関の完了検査を申請しなければならない。

→ 建築主

ここも押さえる

- 一方、確認済証の交付を受けた工事の施工者は、工事現場の見易い場所に、国土交通省令で定める様式によって、建築確認があった旨の表示をしなければならない。

2　地階に設ける居室には、~~必ず~~、採光のための窓その他の開口部を設け~~なければならない~~。

→ なくてもよい　　→ 必ずしも

ここも押さえる

- 事務所の事務室は、原則として採光のための窓その他の開口部を設けなければならないものには該当しない。

3　一般建設業と特定建設業の違いは、発注者から直接請け負う場合の~~請負代金~~の額の違いによる。

↘ 工事を下請に出す下請代金

ここも押さえる

- 特定建設業の許可が必要となるのは、発注者から直接請け負った 1 件の工事代金について、4,500 万円（建築工事業の場合は 7,000 万円）以上となる下請契約を締結する場合である。

4　主任技術者を設置する工事で専任が必要とされるものは、同一の建設業者が同じ場所で行う密接な関係のある 2 以上の工事であっても、これらの工事を同じ主任技術者が管理~~してはならない~~。

↓ してもよい

ここも押さえる

- 密接な関係のある 2 以上の建設工事を同一の建設業者が同一の場所または近接した場所において施工するものについては、同一の専任の主任技術者がこれらの建設工事を管理することができる。

5　予定する下請代金の額の総額は、「建設業法」上、建設工事の請負契約書に記載しなければならない事項として~~定められている~~。

↓ 定められていない

ここも押さえる

- 工事の履行に必要となる建設業の許可の種類及び許可番号も、建設工事の請負契約書に記載しなければならない事項ではない。

6　職業訓練に関する事項は、「労働基準法」上、使用者が労働契約の締結に際し、労働者に書面で交付しなければならない労働条件として~~定められている~~。

↓

定められていない

ここも押さえる

- 安全及び衛生に関する事項や休職に関する事項も、労働者に書面で交付しなければならない労働条件ではない。

7　使用者は、労働契約の不履行について違約金を定める契約をすることが~~できる~~。

↓

できない

ここも押さえる

- また、使用者は、労働契約の不履行について損害賠償額を予定する契約をすることもできない。

8　就業制限に係る業務に就くことができる者が当該業務に従事するときは、これに係る免許証その他その資格を~~証する書面の写し~~を携帯していなければならない。

↓

証する書面

ここも押さえる

- 資格を証する書面とは、免許証のほか、技能講習修了証明書等である。

9　住宅の屋根の葺替え工事に伴って生じた粘土瓦は、「建設工事に係る資材の再資源化等に関する法律（建設リサイクル法）」上、特定建設資材に~~該当する~~。

↓

該当しない

ここも押さえる

- そのほか、セメント瓦、モルタル、ALC パネル、せっこうボード、アスファルトルーフィングなども特定建設資材に該当しない。

10　くい打機とアースオーガーを併用するくい打ち作業は、「騒音規制法」上、特定建設作業に~~該当する~~。

↓

該当しない

ここも押さえる

- くい打機を使用する作業は、「騒音規制法」上の特定建設作業に該当するが、アースオーガーと併用する作業は除外されている。

11　工事現場の作業員詰所から排出された新聞、雑誌は、~~産業廃棄物~~である。

↓

一般廃棄物

ここも押さえる

- 建築物の新築に伴い生じた土砂（建設発生土）や段ボールも、産業廃棄物に該当しない。

12　事業者は、工事に伴って発生した産業廃棄物を自ら処理することは~~できない~~。

→ できる

ここも押さえる

- 事業者は、その事業活動に伴って生じた廃棄物を自らの責任において適正に処理しなければならない。

13　コンクリート打設作業のために、ポンプ車を道路上に駐車させるときは、「道路法」上、道路の占用の許可を受ける~~必要がある~~。

→ 必要がない

ここも押さえる

- ポンプ車を道路上に駐車させて作業するときは、道路の使用許可を受ける必要がある。

14　連結散水設備は、~~消火設備~~である。

→ 消火活動上必要な施設

ここも押さえる

- 消火設備とは、消火器、簡易消火用具、屋内消火栓設備、スプリンクラー設備などである。

第二次検定攻略には ここを押さえろ！

【建築・躯体】

1　透水性の悪い山砂を埋戻し土に用いる場合の締固めは、建物躯体等のコンクリート強度が発現していることを確認のうえ、厚さ ~~600~~ mm 程度ごとにローラーやタンパーなどで締固める。入隅などの狭い箇所の締固めには、タンパーなどを使用する。

↓

300

2　切梁工法は、山留め壁を切梁、腹起しなどの支保工によって支持し、根切りを進める工法で、敷地に大きな高低差がある場合、根切り平面が~~整形~~な場合や大スパンの場合には採用が難しくなる。

↓

不整形

3　鉄筋相互のあきは、鉄筋とコンクリートの間の付着による応力の伝達が十分に行われ、コンクリートが分離することなく密実に打ち込まれるために必要なものである。柱や梁の主筋の継手に、ガス圧接継手を採用し、異形鉄筋を用いる場合の鉄筋相互のあきの最小寸法は、隣り合う鉄筋の平均径（呼び名の数値）の 1.5 倍、粗骨材最大寸法の 1.25 倍、~~20~~ mm のうちで、最も大きい値以上とする。

↓

25

4　鉄筋の継手は、周辺コンクリートとの付着により鉄筋の応力を伝達する~~機械式~~継手と、鉄筋の応力を直接伝達するガス圧接継手、溶接継手などに大別される。

↓

重ね

5　鉄筋（SD345）のガス圧接継手において、同径の鉄筋を圧接する場合、圧接部のふくらみの直径は鉄筋径の ~~1.2 倍~~以上とし、かつ、その長さを鉄筋径の 1.1 倍以上とする。

↓

1.4 倍

6　型枠は、コンクリートの自重、コンクリート打込み時の振動や衝撃、コンクリートの側圧などの荷重に対して安全であり、型枠取外し後のコンクリートに必要な仕上がり寸法及び精度が得られ、容易に取外しが~~できない~~ものでなければならない。

↓

できる

7　合板型枠の締付け金物を締めすぎると、内端太、外端太が内側に押され、せき板が~~外側~~に変形する。締めすぎへの対策として、内端太（縦端太）を締付けボルトにできるだけ近接させて締め付ける。

↓

内側

8　レディーミクストコンクリートの運搬時間は、JIS において、コンクリートの練混ぜ~~完了~~からトラックアジテータが荷卸し地点に到着するまでの時間として 90 分以内と規定されている。

↓

開始

9　コンクリートの練混ぜから打込み終了までの時間の限度は、原則として外気温が 25 ℃以下のときは 120 分、25 ℃超のときは ~~100~~ 分とする。

↓

90

10　コンクリートの１層の打込み厚さは、締固めに用いる棒形振動機の長さ以下とし、コールドジョイント等の欠陥を防止するため、棒形振動機の挿入の際には先に打ち込んだコンクリートの層に棒形振動機の先端が入るようにし、棒形振動機を引き抜く際にはコンクリートに穴を残さないよう加振しながら~~急いで~~引き抜かなければならない。

↓

徐々に

11　鉄筋コンクリート梁に、コンクリートの鉛直打継ぎ部を設ける場合の打継ぎ面は、コンクリート打込み前の打継ぎ部の処理が円滑に行え、かつ、新たに打ち込むコンクリートの締固めが容易に行えるものとし、主筋と~~平行~~となるようにする。

↓

垂直

12　鉄骨工事の溶接において、予熱を行う主たる目的は、溶接後の冷却速度を~~速く~~して、冷却過程で鋼の中の水素の外部放出を容易にし、熱影響部の硬さも減少させることで、低温割れを防止することである。

↓

遅く

13　高力ボルトの締付けは、ナットの下に座金を敷き、ナットを回転させることにより行う。ボルトの取付けに当たっては、ナット及び座金の裏表の向きに注意し、座金は、座金の内側面取り部が~~裏~~となるように取り付ける。

↓

表

14　鉄骨工事におけるトルシア形高力ボルト締付け後の検査は、一次締め後に付けたマーキングのずれとピンテールの破断などを確認する。検査の結果、ナットの回転とともにボルトも回転して、ピンテールが破断する~~軸回り~~を生じているボルトなどは、新しいボルトセットと交換する。

↓

共回り

15　鉄骨工事におけるトルシア形高力ボルトの締付け後の検査は、ボルトの~~半数~~について、ピンテールの破断の確認、１次締め後に付したマークのずれによる共回り・軸回りの有無、ナット回転量の確認及びナット面から突き出したボルトの余長の過不足を目視で検査する。

↓

全数

16　鉄骨工事における柱脚ベースプレートの支持方法であるベースモルタルの後詰め中心塗り工法は、一般にベースプレートの面積が~~小さく~~、全面をベースモルタルに密着させることが困難な場合、また、建入れの調整を容易にするために広く使われている。

↓

大きく

17　鉄骨工事における高力ボルト接合部の組立てにおいて、接合部の材厚の差等により、接合部に１mmを超える肌すきがある場合は、~~スプライス~~プレートを用いて補う。

↓

フィラー

第二次検定攻略には

ここを押さえろ！

【建築・仕上】

1　アスファルト防水において、立上りのルーフィング類を平場と別に張り付ける場合は、平場のルーフィング類を張り付けた後、その上に重ね幅 ~~100~~ mm 程度をとって張り重ねる。

↓

150

2　改質アスファルトシート防水トーチ工法による平場のシート張付けは、プライマーの塗布・乾燥後、シートの~~表面~~及び下地をトーチバーナーで十分あぶり、改質アスファルトを溶融させながら、平均に押し広げて密着させる。

↓

裏面

3　外壁の陶磁器質タイルを密着張りとする場合、張付けモルタルの塗付け後、直ちにタイルをモルタルに押し当て、ヴィブラートを用いて張付けモルタルがタイル裏面全面に回り、タイル周辺からのモルタルの盛上りが、目地深さがタイル厚さの 1/2 ~~以上~~となるように、ヴィブラートを移動しながら張り付ける。

↓

以下

4　壁の有機系接着剤によるタイル後張り工法においては、こて圧をかけて接着剤を平坦に塗り付ける。裏あしのあるタイルを、接着剤にくし目を立てて張る場合は、くし目ごてを使用して壁面に対して 60°の角度を保ってくし目を立て、くし目の方向は、タイルの裏あしに対して~~平行~~となるようにする。

↓

直交

5　軽量鉄骨壁下地において、コンクリート床、梁下及びスラブ下に固定するランナーは、両端部から 50 mm 内側をそれぞれ固定し、中間部は ~~1,800~~ mm 程度の間隔で固定する。また、ランナーの継手は突付けとし、ともに端部より 50 mm 内側を固定する。

↓

900

6　重ね形折板を用いた折板葺においては、折板をタイトフレームに固定した後、折板の重ね部を ~~900~~ mm 程度の間隔で緊結ボルト止めを行う。

↓

600

7　屋根の金属製折板葺きにおける重ね形折板は、~~2山~~ごとにタイトフレームに固定ボルト締めとし、折板の流れ方向の重ね部を緊結するボルトの間隔は、600 mm 程度とする。

↓

各山

8　セメントモルタル塗りの下塗りの調合は、上塗りより~~貧調合~~とし、砂はひび割れ防止のため、こて塗り仕上げに支障のない限り大きい粒径のものを用いる。

↓

富調合

9　塗装工事における吹付け塗りは、スプレーガンを塗装面から 30 cm 程度離した位置で、塗装面に対して直角に向け、平行に動かし塗料を噴霧する。噴霧された塗料は、一般に~~周辺部~~ほど密になりがちであるため、一列ごとに吹付け幅が $\frac{1}{3}$ 程度重なるように吹付け、塗膜が均一になるようにする。

↓

中心部

10　塗装作業中における塗膜の欠陥であるしわは、下塗りの乾燥が不十分のまま上塗りを行ったり、油性塗料を~~薄塗り~~した場合に生じやすい。

↓

厚塗り

11　塗装工事の各工程における塗料の塗付け量（kg/m^2）は、一般に、平らな面に実際に付着させる希釈~~後~~の塗料の質量で、施工ロスを含まない量を示す。

↓

前

12　建物内部壁面の塗装工事におけるローラーブラシ塗りでは、一般に、入隅など塗りにくい部分は、小ばけか専用ローラーを用い、他の部分より~~後~~に塗り付け、壁面全体にローラーマークをそろえて塗り付けていることを確認する。

前

13　セッティングブロックは、建具下辺のガラス溝内に置き、ガラスの自重を支え、建具とガラス小口との接触を防止し、かつ適当な~~面~~クリアランスとかかり代を確保することを目的とする。

エッジ

14　木造住宅における防湿層付きフェルト状断熱材は、防湿層を~~室~~~~外~~に向けて取り付け、防湿層にきず、破れなどがある場合は、防湿テープで補修する。

室内

さくいん

各試験の出題法令基準日までの法令改正や本書に関する正誤等の最新情報は、下記のアドレスでご確認ください。
http://www.s-henshu.info/2kssr2312/

上記掲載以外の箇所で正誤についてお気づきの場合は、**書名・発行日・質問事項（該当ページ・行数・問題番号**などと**誤りだと思う理由**）・**氏名・連絡先**を明記のうえ、お問い合わせください。

・web からのお問い合わせ：上記アドレス内【正誤情報】へ
・郵便または FAX でのお問い合わせ：下記住所または FAX 番号へ

※電話でのお問い合わせはお受けできません。

[宛先]　コンデックス情報研究所
「スピード攻略！ 2 級建築施工管理技術検定 集中レッスン」係
住　　所　〒 359-0042　所沢市並木 3-1-9
FAX 番号　04-2995-4362　（10:00 ～ 17:00　土日祝日を除く）

※本書の正誤以外に関するご質問にはお答えいたしかねます。また、受検指導などは行っておりません。
※ご質問の受付期限は、各試験日の 10 日前必着といたします。ご了承ください。
※回答日時の指定はできません。また、ご質問の内容によっては回答まで 10 日前後お時間をいただく場合があります。
あらかじめご了承ください。

■編著：コンデックス情報研究所
1990 年 6 月設立。法律・福祉・技術・教育分野において、書籍の企画・執筆・編集、大学および通信教育機関との共同教材開発を行っている研究者・実務家・編集者のグループ。

■イラスト：ひらのんさ

スピード攻略！ 2級建築施工管理技術検定 集中レッスン

2024年 3 月20日発行

編　著　コンデックス情《じょう》報《ほう》研《けん》究《きゅう》所《しょ》
発行者　深見公子
発行所　成美堂出版
〒162-8445　東京都新宿区新小川町1-7
電話(03)5206-8151　FAX(03)5206-8159
印　刷　広研印刷株式会社

ISBN978-4-415-23819-7